KB109571

탁월한 의사결정을 위한
논리적 사고

탁월한 의사결정을 위한 논리적 사고

발행일   2018년 9월 20일

지은이   이 범 수
펴낸이   손 형 국
펴낸곳   (주)북랩
편집인   선일영   편집   권혁신, 오경진, 최승헌, 최예은, 김경무
디자인   이현수, 김민하, 한수희, 김윤주, 허지혜   제작   박기성, 황동현, 구성우, 정성배
마케팅   김회란, 박진관, 조하라
출판등록   2004. 12. 1(제2012-000051호)
주소   서울시 금천구 가산디지털 1로 168, 우림라이온스밸리 B동 B113, 114호
홈페이지   www.book.co.kr
전화번호   (02)2026-5777   팩스   (02)2026-5747

ISBN   979-11-6299-340-8 03170 (종이책)   979-11-6299-341-5 05170 (전자책)

이 도서의 국립중앙도서관 출판예정도서목록(CIP)은 서지정보유통지원시스템 홈페이지(http://seoji.nl.go.kr)와
국가자료공동목록시스템(http://www.nl.go.kr/kolisnet)에서 이용하실 수 있습니다.

(주)북랩 성공출판의 파트너
북랩 홈페이지와 패밀리 사이트에서 다양한 출판 솔루션을 만나 보세요!
홈페이지 book.co.kr   •   **블로그** blog.naver.com/essaybook   •   **원고모집** book@book.co.kr

논리적 사고를 통해 인생을 바꾸는 방법

탁월한 의사결정을 위한

논리적 사고

이범수 지음

기업의 흥망뿐 아니라 개인의 인생을 결정짓는
논리적 사고를 익히려면

반드시 알아야 할 세 가지 기준과 세 가지 오류

북랩 **book** Lab

추천사

  기업을 경영하다 보면 하루에도 수많은 결정을 하게 된다. 어떻게 결정하느냐에 따라 회사가 흥하기도 하고 망하기도 한다. 대기업이든 중소기업이든 경영을 해 본 사람은 안다. 의사결정이 얼마나 사람을 피 말리게 하는지. 이 책은 실감 나는 사례와 쉬운 설명으로 경영자가 논리적 사고를 통하여 정확하고 적절하게 의사결정을 하도록 돕는 유능한 참모다.

- EK그룹 이희주 회장

  논리학 서적은 대개 이론 중심이라 건조하고 딱딱하다. 일반인이 읽으려면 인내와 끈기가 필요하다. 완독해도 오류 명칭 몇 개만 기억나지 일상에서 부딪히는 문제를 해결하는 데 큰 도움이 안 된다. 이 책은 정치, 경제, 사회 등 우리 주변에서 일어나는 오류를 분석, 해설하여 우리에게 닥친 문제를 해결하는 데 논리적 사고가 얼마나 유익한지 알려 준다.

- 경희대학교 임규남 교수

감정은 물증을 이길 수 없고 짐작은 논리를 이길 수 없다. 근거와 이유를 갖고 사고하고 판단해야 주장에 힘이 실린다. 상대를 설득하려면 나의 논리가 탄탄해야 하고 상대 주장의 근거를 간파해야 한다. 남을 설득하는 일을 하는가? 이 책이 답이다.

- 변호사 송찬근

머리말

◇ 인생은 의사결정이다!

인생은 의사결정의 총합이다. 우리의 삶은 진학, 진로, 취업, 결혼, 창업, 퇴사 같은 중대한 갈림길에서 내린 수많은 의사결정으로 구성된다. 일상도 의사결정의 연속이다. 몇 시에 일어나고, 어떤 옷을 입고 출근하며, 점심은 어느 식당에서 누구와 먹고, 퇴근 후 동료와 맥주 한잔 할지 아니면 여자 친구를 만날지, 잠들기 전에 드라마를 볼지 아니면 책을 읽을지 등 현대인은 누구나 하루에도 수십 번씩 결정을 한다.

의사결정은 삶을 바꾼다. 현재는 과거에 내린 의사결정의 산물이며 오늘 내린 의사결정은 내일의 나를 만든다. 직업, 연봉, 승진, 인맥은 물론 거주지, 건강, 기대 수명 그리고 가정의 평화까지도 내가 내린 결정의 결과다. 나는 누구이고 무엇이 될 것인가는 의사결정에 달려 있다.

행운과 불운도 의사결정의 소산이다. 행운은 적절한 시기에 올바르게 결정을 할 때 찾아온다. 결정적인 순간에 나쁜 결정을 하면 불운이 덮친다. 좋은 대학을 나오고 재능이 뛰어나며 인맥이 넓은 사람이 잘 풀리지 않는 것은 중요한 시기에 나쁜 결정을 내렸기 때문이다. 학력도 배경도 재력도 없는 사람이 여유 있게 사는 것은 고비마다 훌륭한 선택을 했기 때문이다.

◇ 논리적 사고는 묻고 따지기

우리는 매일 원하지 않아도 수많은 주장을 접하며 살아간다. 통일 대박은 환상이다, 사드는 방어용이다, 워라밸은 시기상조다, 최저임금 1만 원은 재앙을 불러온다, MSG는 평생 섭취해도 안전하다, 개고기 식용은 야만이다, 동성애는 정신 질환이다 등등.

이런 수많은 주장에는 전문가나 유명 연예인을 내세운 허위·과대광고, 정치인의 유치한 선동과 왜곡, 통계를 조작하여 기득권층에게 공공 자원을 몰아주는 가짜 뉴스, 기업 사냥꾼의 현란한 말솜씨와 장밋빛 투자제안서, 대출받기 위해 분식한 기업 재무제표, 1억에 사두면 월세로 200만 원을 또박또박 챙길 수 있다는 기획부동산의 감언이설이 섞여 있기 마련이다.

주장이 홍수처럼 쏟아질 때 그 주장의 근거나 이유가 무엇인지 살피고, 그 근거나 이유가 얼마나 주장과 관계가 있는지, 주장을 얼마나 탄탄하게 뒷받침하는지 묻고 따지면 더 정확하고 적절하게 의사결정을 할 수 있다. 묻고 따져야 진실인지 아니면 유치한 사기 극인지 판단할 수 있다. 이렇게 어떤 주장을 하거나 접할 때, 근거나 이유를 제시하고 묻고 따져보는 것이 논리적 사고다.

◇ 조직에 절실한 논리적 사고

느낌과 충동, 취향과 직관, 짐작과 경험을 따르지 않고 논리적으로 사고하면 더 정확하고 적절하게 의사결정을 할 수 있다. 개인, 가정, 학교, 기업, 정부 등 의사결정을 내리는 주체는 모두 논리적으로 사고해야 한다. 그중에서 논리적 사고가 절실하게 필요한 주체는 공공기관이나 기업 같은 조직이다. 조직은 하루에도 수십 번씩 중요한 결정을 내리기 때문이다. 얼마나 정확하고 적절하게 의사결정을 하느냐에 따라 조직은 흥하기도 하고 망하기도 한다.

"기업에 존재하는 문제의 60%는 잘못된 소통에서 발생한다." 현대 경영학의 아버지라고 부르는 피터 드러커가 한 말이다. 기업에서 소통이 원활하지 않으면 부서와 부서 간에, 상사와 부하 간에 갈등과 불신이 싹트고 반목과 질시가 연탄가스처럼 스며든다. 똑똑한 직원이 많은 회사일수록 소통은 어렵다. 머리 좋고 유능하다고 확신하는 직원일수록 상대의 생각과 관점과 가치관을 잘 받아들이지 않기 때문이다.

생각과 관점 그리고 가치관마저 상이한 직원들이 소통하기 위한 가장 좋은 방법은 근거나 이유를 갖고, 의견을 밝히고 주장을 하는 것이다. 즉, 논리적으로 사고해야 한다.

입사한 날부터 퇴사할 때까지 사원이라면 누구나 해야 하는 일이 세 가지 있다. 기안 품의, 보고서 작성, 회의 참석이다. 기안은 설득력이 있어야 하고, 보고서는 참신해야 하며 회의는 결론 도출이 생명이다. 설득력 있게 기안하고, 참신하게 보고서를 쓰고, 회의할 때 결론을 내리려면 상사가 납득할 수 있는 근거나 이유를 제시해야 한다. 즉, 논리적으로 사고해야 한다.

◇ 기업 흥망은 의사결정이 좌우

회사의 운명은 CEO가 좌우한다. 회의 주재부터 보고서 검토, 기안 결재 그리고 프로젝트 실행과 점검, 피드백, 평가에 이르기까지 모든 업무는 CEO의 의사결정으로 확정되기 때문이다. CEO의 의사결정 하나로 대기업이 도산하기도 하고 신생 벤처기업이 유니콘 기업으로 도약하기도 한다.

구글은 2006년에 유튜브를 무려 16억 5,000만 달러에 인수했다. 인수 초기에 유튜브는 애물단지에 불과했다. 사용자를 수억 명 보유했지만 뚜렷한 수익모델이 없었다. 설상가상으로 유튜브에 올라

온 상당수 동영상이 저작권 침해 논란에 휩싸였다.

2018년 5월, 모건스탠리는 유튜브의 기업 가치를 1,600억 달러로 추산했다. 12년 만에 기업 가치가 거의 100배 올랐다. 매달 로그인 하는 이용자는 18억 명을 넘어섰다. 유튜브는 한국에서도 선풍적인 인기를 끌고 있다. 18년 6월 기준으로 유튜브 국내 월간 순 이용자는 2,500만 명이다. 18년 2월 기준, 국내 유저의 유튜브앱 사용 시간은 257억 분으로 전체 앱 사용 시간 중 압도적인 1위를 차지했다. 10대의 유튜브 사용 시간은 카카오톡, 페이스북, 네이버를 합친 것보다 많다.[1]

2012년 페이스북은 10억 달러에 인스타그램을 인수했다. 너무 비싸게 샀다고 우려하는 IT 전문가가 많았다. 당시 인스타그램 이용자는 3,000만 명에 불과했고, 광고 수익은 한 푼도 없었다. 18년 6월, 인스타그램 기업 가치가 1,000억 달러를 넘어섰다고 블룸버그 인텔리전스가 추산했다. 인수한 지 6년 만에 기업 가치가 무려 100배 뛰었다.

페이스북이 인스타그램을, 구글이 유튜브를 인수하기로 한 결정은 국내외 IT 전문가의 우려와 달리 신의 한 수가 되었다. 두 회사는 인수를 계기로 경쟁사를 멀찌감치 따돌리고 입지를 탄탄하게 구축하고 있다.

반면 의사결정 오류로 그룹이 해체되거나, 큰 타격을 입거나 심지어 기업이 사라진 경우도 부지기수다.

1981년 IBM은 개인용 컴퓨터를 만들면서 마이크로칩과 운영체제를 아웃소싱하기로 결정했다. 인텔한테 마이크로칩을, 시애틀의 무명 기업 마이크로소프트에게 운영체제를 공급받기로 했다. IBM은 비핵심 분야를 아웃소싱하면 시간과 비용을 절약할 수 있다고 보았다. 돈이 되는 컴퓨터 본체는 자사가 생산하고 있기 때문에 별문제가 없다고 판단했다.

반면 빌 게이츠는 '컴퓨터 미래는 하드웨어가 아니라 소프트웨어에 달려 있다'고 생각했다. IBM이 시장 지배자라도 소프트웨어를 적용하는 데 표준을 정해야 하고 MS-DOS가 그 표준의 근간이 될 것으로 그는 보았다. 전망은 적중했다. IBM의 개인용 컴퓨터는 출시하자마자 크게 성공했지만, 이익 대부분을 인텔과 마이크로소프트가 차지해 버렸다. IBM은 MS-DOS 개발비를 제공했지만, 마이크로소프트만이 제3자에게 MS-DOS 사용권을 줄 수 있었다. 이것이 IBM이 쇠퇴하게 된 결정적인 원인이다.[2]

비슷한 예는 국내에도 얼마든지 있다.

1992년, 자동차 사업에 진출한다는 삼성 경영진의 의사결정은 그룹을 위험에 빠뜨렸을 뿐 아니라 IMF 사태를 불러온 먼 원인이 되었다.

금호아시아나그룹은 대우건설을, 웅진그룹은 극동건설을, LIG그룹은 건영을 인수했다가 그룹이 해체되었다.

금호아시아나그룹은 2006년 대우건설과 2008년 대한통운을 인수하면서 유동성 위기를 맞은 데다 2008년 글로벌 금융 위기까지 터지면서 그룹이 와해됐다.

웅진그룹은 2007년 극동건설을 6,600억 원에 인수했다. 당시 업계 예상보다 두 배가 넘는 금액이었다. 2012년 9월까지 웅진그룹은 4,000억 원 넘게 지원했지만, 부동산 경기 침체로 자금 압박이 심해져 극동건설은 결국 부도가 났다.

LIG그룹은 2006년과 2008년에 건영과 한보건설을 인수한 후 두 건설사를 합병하여 LIG건설을 설립했다. 때마침 글로벌 금융 위기가 닥쳐 건설 경기가 악화됐다. LIG건설도 금융 위기 소용돌이에 휩쓸렸고 2011년 3월 법정관리를 신청할 수밖에 없었다.

필자는 서울 올림픽이 열린 1988년부터 러시아 월드컵이 열린 2018년까지 30년간, 직장을 6곳 다니고 4번을 창업했다. 강산이 세 번 변하는 동안 의사결정을 잘해서 흥한 조직과 리더를 수없이 보았고, 의사결정을 잘했지만 망한 조직도 여럿 보았다. 간혹 의사결정을 잘못했지만 잘 나가는 조직도 있었다. 예외는 있지만, 의사결정을 잘못한 조직은 대개 쇠퇴했다.

의사결정을 잘하는 조직과 리더에게는 공통점이 있었다. 사안이 중대할수록 논리적이고 합리적으로 판단하고 결정한다는 점이다. 개인이든 기업이든 정부든 모든 의사결정 주체는 논리적으로 생각하고, 결정하고, 실행해야 한다.

이 책이 논리적 사고로 올바른 결정을 내리려고 노력하는 모든 이에게 도움이 되기를 바란다.

목차

추천사 4

머리말 6

1장 논리적 사고의 속성과 용어 17
연습 문제와 정답_28

2장 논증 31
연습 문제와 정답_41

3장 숨은 근거와 주장 45
연습 문제와 정답_58

4장 논증 분석과 평가 61
01 논증 분석·평가 기준_63

02 텍스트와 컨텍스트_65

03 논증 평가 3대 기준과 사례_67
연습 문제와 정답_73

5장 오류 논증 75
01 수용 가능성 오류_78

부적합한 권위에 호소하는 오류_78

선결 문제 요구의 오류_80

거짓 딜레마_84

애매어의 오류_90

분할의 오류와 결합의 오류_96

연습 문제와 정답_101

02 관련성 오류_104

사람에 호소하는 오류_108

대중에 호소하는 오류_113

감정에 호소하는 오류_116

허수아비 공격의 오류_119

우물에 독 푸는 오류_123

연습문제와 정답_126

03 충분성 오류_129

무지에 호소하는 오류_135

성급한 일반화의 오류_138

편향된 통계의 오류_142

잘못된 유비의 오류_148

위험한 비탈길 오류_156

도박사 오류_160

선후 관계와 인과 관계를 혼동하는 오류_165

원인과 결과를 혼동하는 오류_169

공통 원인의 무시_173

연습문제와 정답_178

6장 종합 연습 문제 183

참고 서적_193

주석_195

부록_198

"근거 없는 자신감을 강화하고, 독단적으로 내린 결정을
정당화하고, 취향에 따른 선택을 합리화하기 위해 논리를
동원하는 일은 자만이고 독선이며 부조리일 따름이다."

1장

논리적 사고의
속성과 용어

논리적 사고의 속성 °

논리학을 배운 적이 없어도 우리는 사실 어릴 적부터 지금까지 매일 논리적 사고를 하고 있다. 일생일대의 결단을 할 때뿐만 아니라 일상에서도 기분이나 느낌에 따르지 않고, 어떤 이유나 근거를 갖고 결정을 하는 경우가 많기 때문이다.

논리적 사고는 기억과 사고를 담당하는 전두엽 어딘가에서 신경세포와 시냅스가 일으키는 두뇌 작용이다. 신경세포는 1,000억 개, 시냅스는 100조 개나 있지만 볼 수도 들을 수도 만질 수도 없다. 뇌파측정기로도 감지할 수 없다. 논리적 사고에는 야구의 역전 홈런, 축구의 승부차기 같은 극적인 장면이 없다.

논리적 사고는 생각만으로 옳고 그름을 가려내야 하므로 재미도 없고 측정하기도 곤란하다. 오랫동안 연마해도 얼마나 늘었는지 알 수 없다. 다이어트를 하면 효과를 바로 확인할 수 있다. 살 빼기 전후 사진을 비교하면 극적인 변화를 바로 알 수 있어 성취감을 느낄 수 있다. 논리적 사고력이 향상되어도 성취감을 느끼는 경우는 별로 없다.

논리적 사고의 장점 °

논리적 사고는 원리가 간단하여 단기간에 습득할 수 있다. 용어와 개념 몇 가지를 이해하고 활용 예제를 풀면, 실제 상황에 적용하고 응용할 수 있다. 악기나 컴퓨터 프로그램을 익히려면 몇 달에서 몇 년 걸리지만, 논리적 사고는 일주일이면 기본적인 원리를 파악하여 실전에 활용할 수 있다.

논리적 사고는 퇴보하지 않는다. 자전거 타기나 수영, 바둑과 같다. 한 번 익히면 오랫동안 가동하지 않아도 녹이 슬지 않는다. 살을 뺐을 때 생기는 요요 현상도 없다.

논리적 사고를 꾸준히 연마하면 누구나 고수가 될 수 있다. 수영이나 사이클은 몇 년간 체계적으로 훈련해도 재능이 없으면 메달을 따지 못한다. 논리적 사고는 원리를 익히고 꾸준하게 배경지식을 쌓으면, 누구나 정연하게 근거·이유를 제시하고 묻고 따질 수 있다. 수영은 한 달만 배우면 사람 목숨을 살릴 수 있다. 배워둘만하다. 논리적 사고를 잘 익히면 자신과 가족과 회사와 사회를 살리는 탁월한 의사결정을 할 수 있다. 꼭 익혀야 한다.

정의의 중요성 °

인문·사회과학은 물론 자연과학에서도 개념과 용어를 정확하게 정의하고, 비슷한 개념과 용어를 잘 구별하는 것이 중요하다. 개념과 용어를 정확하게 정의해야 대상의 형태와 본질을 파악하고, 다른 대상과 어떻게 다른지 구분하여, 원활하게 소통할 수 있다.

일탈과 이탈의 차이를 알고, 정확(바르고 확실)과 적확(정확하게 맞아 조금도 틀리지 않음)을 구별하며 참여(어떤 일에 끼어들어 관계함), 참석(모임이나 회의 따위의 자리에 참여함), 참가(일에 관계하여 들어감)를 가려 쓸 줄 알면, 자기 생각을 명료하게 표현하고 상대 주장을 잘 이해할 수 있다.

조직에서 불협화음과 불통은 대개 사안을 바르게 정의하지 않거나, 구성원과 정의를 공유하지 않기 때문에 발생한다. 사안을 놓고 서로 다르게 생각하기 때문이다.

"관종으로 매도되는 세상에서 내 책이 많이 팔리는 게 무슨 의미일까?"[3]라며 '관심을 받고자 지나치게 튀는 자'로 관종을, 비판적으로 정의하는 소설가 공지영과 "모두 관종이 돼야 해요. 투명인간으로 살려고 태어났나요?"[4]라며 '주체적으로 살아가는 사람'으로 정의

하는 강원국 작가가 원활하게 소통할 수는 없다.

창사 기념일을 '사업보국과 인류공영을 위해 창업주가 결단한 날'로 정의하는 사장님이 '오너가 갑질 할 수 있는 권한을 관할 세무서한테 최초로 부여받은 날'이나 '안정된 직장을 다니던 사장이 자신의 무모함을 법적으로 선언한 날'로 정의하는 직원에게 창사 기념식을 준비하라고 지시하면, 행사가 잘 진행될 리 없다.

논리적 사고의 정의 °

　논리에서 논(論)은 '개인이나 소수'의 주장이나 의견이다. 반면, 상식은 '다수'가 옳다고 생각하는 믿음이다. 진리는 시공을 초월하여 다수가 옳다고 생각하는 믿음이다. 논리에서 '논'은 개인이나 소수의 주장에 불과하다. 상식으로 인정받지 못했고 진리와는 거리가 멀다.

　상식과 진리는 가변적이다. 만고불변의 상식이나 진리는 없다. 주장은 상식으로 승격할 수 있고 진리로 등극하기도 한다. 반대로 진리와 상식이 환경이나 가치관의 변화, 과학 발견으로 소수만 믿는 주장으로 전락하거나 거짓으로 판명 나기도 한다.

　대표적인 예가 진화론이다. 진화론은 찰스 다윈이 1859년에 『종의 기원』을 발표하면서 세상에 나왔다. 진화론은 수천 년간 호모 사피엔스가 진리라 믿은 창조론을 부정했다. 『종의 기원』이 등장하자 과학자 사이에서는 진화론이 상식이 되었고 창조론은 소수의 주장이 되었다. 진화론이 점점 세력을 얻으면서 과학자 세계에서 창조론 신봉자는 사이비 취급을 받게 되었다. 이제 일반인 사이에서도 진화론은 상식이 되었다. 지금 창조론은 종교인 등 소수만이 믿는다. 창조론은 진리에서 상식으로 다시 주장으로 위상이 낮아졌다.

논리에서 리(理)는 정당하고 올바른 법칙이나 도리, 조리를 말한다. 쉽게 말해 '리'는 옳음이다. '듣고 보니 네 말은 일리가 있다'거나 '네 말은 무리한 주장이다'와 같은 말을 흔히 한다. '일리가 있다'는 말은 옳음이 하나 있다는 뜻이고 무리는 옳음이 없다는 뜻이다. 논(論)과 리(理)가 결합한 논리라는 말은 '올바르거나 마땅한 주장'이다. 즉, 말이 되는 얘기다.

논리적 사고는 주장을 할 때 '올바르거나 마땅한' 근거나 이유를 제시하거나, 상대의 주장을 받아들이거나 거부할 때, 충분히 그럴만한 근거와 이유를 신중하게 생각하는 것이다.[5] 즉, 주장이나 의견을 밝힐 때 올바르거나 마땅한 근거나 이유를 대고, 어떤 주장이나 의견을 들을 때 그 근거나 이유가 올바르거나 마땅한지 '묻고 따지는 것'이 논리적 사고다. 묻고 따지기는 논리적으로 사고하기 위해 사용하는 가장 중요한 수단이다. 시시비비를 묻고 따지지 않는다면 논리가 없는 사람이다.

비판적 사고와 반성적 사고 °

논리적 사고와 비슷한 용어로 비판적 사고가 있다. 비판적 사고는 감정이나 편견·선입견에 사로잡히거나, 권위를 맹종하지 않고 합리적, 논리적으로 사물을 평가하는 사고이다. 비판적으로 사고할 때는 주로 관찰과 의심을 수단으로 사용한다. 관찰과 의심을 통해 합리적, 논리적으로 평가하는 것이 비판적 사고다. 강조하는 수단만 다를 뿐 결국 논리적 사고와 같은 말이라고 할 수 있다.

교육학에 '반성적 사고'라는 용어가 있다. 미국의 교육학자 듀이 (Dewey, 1933)에 따르면 반성적 사고란 '신념이나 실천 행위의 원인이나 결과를 주의 깊게 고려하는 것'이다. 원인이나 결과를 주의 깊게 고려하려면 합리적이고 논리적으로 사고해야 한다. 결국 반성적 사고도 논리적 사고와 같은 말이다.

비논리적 사고 °

비논리적 사고는 무엇일까? 자기 의견을 말하거나 어떤 주장을 제시할 때 근거나 이유가 없거나, 상대 주장을 무비판적으로 수용하거나, 정당한 이유 없이 거부하는 행태이다.

'왠지 필이 와!', '걍 그렇게 하자', '우리가 남이가?', '좋은 게 좋은 거 아냐?'와 같이 말하고 행동하는 것이다. '왠지 필이 와!'와 '걍(그냥) 그렇게 하자'에는 '왜'가 없고 '우리가 남이가?'에는 왜 남이 아닌지 알 수 없으며 '좋은 게 좋은 거 아냐?'에는 어떻게 좋은지 알 수 없다. 이런 방식으로 생각하는 것이 비논리적 사고이다.

부싯돌은 부딪혀야 빛이 난다. 볼테르의 말이다. 느낌이나 기분이 아니라 근거를 갖고 주장하고, 타인의 의견이나 주장을 접할 때 근거나 이유를 묻고 따지면서 상대와 부딪혀야, 빛나는 결정을 할 수 있다.

– 논리적인 사람과 비논리적인 사람 –

-감정에 따라 충동적으로 생각하고 행동한다.

-첫인상과 생각을 의심하지 않고 그것에 따라 판단한다.

-명령과 지시를 내리면 무조건 수행한다.

-상대 의견에 귀 기울이지 않고 자기 생각과 상대 생각을 비교, 검토하지 않는다.

-감정을 억제하고 상대가 동의할 만한 이유를 찾으려 한다.

-첫인상과 생각이 선입견이나 편견이 아닐까 의심한다.

-명령과 지시가 합리적이고 시의적절한지 생각해 본다.

-상대방 의견이 자기와 다르더라도 주의 깊게 들으며, 자신의 생각이 잘못임을 알면 생각을 바꾸는 데 주저하지 않는다.

연습 문제와 정답

1. **다음 중에서 가장 논리적으로 사고하는 직원은?**

   ① 최 팀장: "나는 인터파크에서 연극 〈뱃살공주〉를 예매했
   다. 그리고 아이와 함께 공연을 보았다."

   ② 김 대리: "나는 저 직원이 왠지 너무 미워."

   ③ 이 주임: "2022년 월드컵 개최국은 카타르가 맞아. 내가
   축구협회를 통해 알아 보았거든."

🔅 answer

3번이다. 보기 1에서 최 팀장은 발생한 사실을 서술했을 뿐 주장이 없다.
보기 2에서 김 대리는 감정과 느낌에 따라 주장했다. 보기 3에서 이 주임
은 주장을 하면서 근거를 제시했다.

2. **논리적 사고가 꼭 필요한 상황이 아닌 것을 모두 골라라!**

① 2017년 대통령 선거에서 여당이 이겼는지 야당이 이겼는지 알아볼 때
② 직원 퇴사율과 거주지가 상관있는지 조사할 때
③ 내가 그녀를 얼마나 사랑하는지 알려주고 싶을 때
④ 부모님에게 용돈을 타낼 때
⑤ 대한항공 오너 일가를 겨냥한 체포 영장이 기각되어 대한항공 주가가 오를 거라 판단할 때

 answer

정답은 1, 3, 4번이다. 1번과 같은 사실 확인은 검색으로 충분하다. 3번과 같은 경우는 스킨십, 명품 선물, 감언이설이 더 효과적이다. 4번 상황에서는 떼쓰기, 조르기나 단식·가출 같은 협박이 효과적이다.

2번은 자료를 수집하고, 가설을 수립하고 검증해야 하므로 논리적 사고력이 필요하다. 5번은 '체포 영장이 기각되었으므로 범죄가 경미하다고 볼 수 있다. 따라서 대한항공 이미지는 좋아지고 주가는 상승할 거다'라고 생각하는 등 근거를 갖고 주장을 하는 논리적 사고가 필요하다.

"가지가 아닌 줄기를, 형식이 아닌 내용을, 그림자가 아닌
실체를 보는 눈을 키우는 것이 논리의 목적이다."

2장

논증

논증의 정의 °

　논증은 근거나 이유를 제시한 주장이다. '논증하기'는 근거나 이유를 제시하여 자신의 주장이 참이라고 설득하는 행위이다. 논증은 상식이나 진리로 인정받지 못하는 생각을 다수가 인정하거나 받아들이도록 근거를 제시한 주장이다.

　자신의 생각이 옳다고 주장할 때는 이를 뒷받침하는 근거나 이유를 대야 한다. 근거나 이유를 가지고 자신의 주장을 정당화, 뒷받침, 옹호하는 것이 논증하기이다. 논리학에서는 이러한 근거나 이유를 전제(논술에서는 논거)라고 하고 주장은 결론이라고 부른다 (논술에서는 논지라는 말을 쓴다). 즉, 논증의 양대 축은 근거(전제)와 주장(결론)이다.

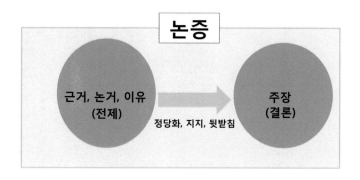

> (최 과장) 김 팀장은 좋은 상사입니다. 직원들이 아주 좋아하거든요.

이 진술은 논증이다. '김 팀장은 좋은 상사'라는 주장을 정당화(지지, 뒷받침)하기 위해 '직원들이 좋아한다'는 근거를 제시했기 때문이다.

> 대한민국은 민주공화국이다. 대통령을 국민이 직접 투표하여 뽑기 때문이다.

'대한민국은 민주공화국'이라는 주장을 정당화하기 위해 '대통령을 국민이 직접 선출한다'는 점을 근거로 제시했으므로 이 진술은 논증이다.

> 결혼 후 활동을 중단한 걸그룹 이 아무개는 더 이상 가수가 아니다.

이 진술도 논증이다. '이 아무개는 가수가 아니다'는 주장을 뒷받침하기 위해 '결혼 후 활동을 중단했다'는 근거를 대고 있기 때문이다.

> ① 해외 출장 보고서 다 썼니?
> ② 내일까지 밀린 월급 다 주겠다.
> ③ 야! 그 모델 환상적으로 예쁘다.

세 진술은 모두 논증이 아니다. 1번은 질문이고 2번은 약속이며 3번은 감탄이다. 세 진술 모두 근거를 대고 참이라고 주장하지 않았다.

논증은 대부분 평서문으로 표현한다. 의문문으로 진술하면 주장이 없으므로 논증이 아니라고 생각할 수 있다. 그러나 논증은 문장 형식과는 관계가 없다. 주장과 근거를 찾을 수 있으면 문장 형식과 관계없이 논증이다.

> (김 검사) 대마초를 피는 것이 범죄가 아니라고요? 그게 말이 됩니까?
>
> (최 변호사) 왜 범죄죠? 타인에게 해를 줘야 범죄잖아요? 대마초 피운다고 다른 사람에게 해를 끼치나요? 뇌전증 치료에도 효과가 있다는 얘기 못 들어 봤어요?

최 변호사는 의문문으로 주장을 피력했지만 논증을 했다. '대마초 피우는 것은 범죄가 아니다'라고 주장하며 '다른 사람에게 해를 주지 않고 뇌전증 치료에도 효과가 있다'는 근거를 제시하기 때문이다. 최 변호사 진술을 아래처럼 평서문으로 바꾸면 논증이라는 것을 확실히 알 수 있다.

> (최 변호사) 다른 사람에게 해를 줘야 범죄인데 대마초 흡입은 타인에게 해를 주지 않는다. 뇌전증 치료에도 효과가 있다. 따라서 대마초 흡입은 범죄가 아니다.

결론이 엇갈린 판결 °

어떤 주장(결론)이 생소하거나 다수의 믿음에 반하거나 기존 주장(결론)과 상반될 수 있다. 숨겨둔 증거를 찾았거나, 발명·발견을 했거나, 사회의 가치관이 변화하거나, 소신이 강한 인물이 특정한 근거를 중시할 때이다.

주장이 낯설고 비상식적이고 통념과 상반되어도, 근거를 제시하면 논증이다. 논증의 성립 여부는 주장의 옳고 그름과는 관계가 없다.

① 내기 골프는 도박이 아니다. 골프 승패는 경기자의 기량에 의해 결정된다. 내기 골프가 도박이라면 경기 결과에 따라 상금을 정하는 프로 골프 게임도 도박죄에 해당할 것이다. 운동 경기 승패에 재물을 거는 것까지 도박이라면 운동선수가 올림픽에서 금메달을 딸 때 받는 포상금이나 프로 선수가 받는 성과급도 도박이라는 결론에 도달한다. 내기 골프가 도박이라면 홀마다 이긴 사람이 상금을 차지하는 골프의 스킨스 게임도 도박이며, 박세리나 박지은 선수가 상금을 걸고 경기를 해도 도박죄를 적용해야 한다.

② 내기 골프는 도박이다. 골프에서 실력이 어느 정도 승부를 좌우한다지만 실력 차이를 객관적으로 측정하기 곤란하고 게임 당시 컨디션이나 기타 우연한 요소가 작용하는 측면이 더 많다. 이런 점을 알고도 거액을 걸고 내기 골프를 친 것은 도박으로 볼 수 밖에 없다[6]

1번 진술은 2005년 2월 서울남부지법 이정렬 판사가 내린 판결이며, 2번 진술은 같은 해 5월 서울중앙지법 현용선 판사의 판결이다. 유사한 내기 골프 사건에서 서로 다른 결론이 나왔다. 억대 내기 골프가 유죄라고 판결한 현용선 판사는 골프 승패가 '당일 컨디션이나 우연한 요소에 좌우되는 측면이 많다'고 본 반면, 무죄를 선고한 이정렬 판사는 '기량에 따라 결정된다'는 점을 강조했다. 이렇게 결론이 상반되어도 두 판결은 모두 논증이다. 근거가 명확한 주장이기 때문이다.

논증과 설명의 차이 °

　논증과 비슷한 행위로 설명이 있다. 설명은 상대방이 알고 있거나 동의한, 어떤 사실의 원인을 진술하는 행위이다. 반면 주장을 하면서 근거나 이유를 대면 논증이다.

> 성수대교가 붕괴했다. 건설업자가 부실공사를 했기 때문이다.

　이미 다 알고 있거나 이미 발생한 사건에 대한 원인을 진술했으므로 설명이다. 논증과 설명의 결정적 차이는 어떤 주장에 대한 상대의 동의 여부다. 주장에 동의할 때 원인을 말하면 설명이고, 동의하지 않을 때 근거나 이유를 대면 논증이다.

> 여배우와 불륜에 빠져 홍길동 감독은 결국 부인에게 이혼 소송을 제기했다.

이 진술은 논증이 아니다. 설명이다. 홍 감독이 이혼 소송을 제기했다는 사실에는 다툼이 없고 소송을 제기한 원인을 밝히기 때문이다. 이처럼 어떤 결과의 원인을 밝히는 것을 인과적 설명이라고 한다.

> 트럼프 대통령이 김정은 위원장과 정상회담을 했다. 북핵 문제를 해결하기 위해서다.

트럼프 대통령과 김정은 위원장이 정상회담을 한 원인을 말하는 설명이다. 정상회담이라는 결과의 원인을 밝히므로 인과적 설명이다.

연습 문제와 정답

1. 다음 대화는 논증인가 아닌가? 그렇게 생각하는 이유를 말하라.

대화 ①

> 최 팀장: "오늘 회의 분위기 좋은데요."
>
> 김 부장: "좋긴 뭐가 좋아?"
>
> 최 팀장: "직원들이 집중도 잘하고 질문도 많이 했잖아요."

대화 ②

> 최 팀장: "오늘 회의 분위기 좋은데요."
>
> 김 부장: "왜 그럴까?"
>
> 최 팀장: "내일이면 연휴라 직원들이 들떠서 그래요."

대화 ③

> 최 팀장: "회의실이 아까보다 환하네요."
>
> 김 부장: "왜?"
>
> 최 팀장: "커튼을 올렸거든요."
>
> 김 부장: "내가 보기에는 환한 것 같지 않은데."
>
> 최 팀장: "부장님 얼굴에 난 기미가 아까보다 훨씬 잘 보이잖아요."

answer

대화 1은 논증이다. 어감상 김 부장은 최 팀장의 말에 동의하지 않고 근거를 요구했기 때문이다. 대화 2는 설명이다. 김 부장은 최 팀장의 주장에 동의하고 이유를 알고 싶어했다. 대화 3의 경우, 전반부는 설명이고 후반부는 논증이다. 전반부에서 김 부장은 최 팀장의 말에 동의했으나 후반부에서는 생각을 바꿔 최 팀장 주장에 반대했기 때문이다.

2. 다음 진술에서 근거와 주장을 찾아라!

① (쇼핑 중독자) 나는 쇼핑한다. 고로 나는 존재한다

② (경제신문) 최저임금 인상은 옳지 않다. 자영업자 폐업이
속출하고 실업이 증가하기 때문이다.

answer

① 근거는 '나는 쇼핑한다'이고 주장은 '나는 존재한다'이다. 쇼핑 중독자
는 내가 쇼핑한다는 사실에서 내가 존재한다는 것이 필연적으로 따라
나온다고 생각한다.

② 근거는 '자영업자 폐업이 속출한다'와 '실업이 증가한다'이고 주장은 '최
저임금 인상은 옳지 않다'이다.

"논리를 배우려고 한다면 사람은 누구나 오류를 범한다는 사실을 깨닫는것이 첫 단계다. 자신은 오류를 범하지 않는 다고 생각한다면 그것보다 더 큰 오류는 없다. 자신은 언제나 논리적이라고 생각한다면 그것이야말로 비논리다."

3장

숨은 근거와 주장

개념과 사례 °

　논증을 할 때 글에서는 비교적 근거와 주장이 뚜렷하게 드러난다. 그러나 일상 대화에서는 근거나 주장을 생략하는 경우가 있다. 이를 숨은 근거와 주장이라고 한다(논리학에서는 숨은 전제와 결론이라고 한다).

> 박칼린이 연출한 〈미스터 쇼〉는 여성 전용 뮤지컬이야. 너는 볼 수 없어.

　이 진술도 분명히 논증이다. 다만 근거를 하나 생략했다. 주장은 '너는 볼 수 없어'이다. 근거는 '〈미스터 쇼〉는 여성 전용 뮤지컬이다'와 '너는 남자'이다. '너는 남자'라는 근거를 생략했다. 말하는 사람과 듣는 사람 모두 '너는 남자'라는 사실을 잘 알고 있기 때문에 밝히지 않았다.

> 김 팀장은 유능한 기획자다. 그는 창의적인 사람이 틀림없다.

'김 팀장은 유능한 기획자다'와 '기획은 잘하려면 창의력이 필수적이다'가 근거이고 '그는 창의적인 사람이다'가 주장이다. 근거를 하나 생략했다. 창의력은 기획자에게 필수적인 자질이라는 사실을 다수가 인정할 경우 생략할 수 있다.

태아도 사람이다. 낙태를 저지른 의사는 살인죄로 처벌받아야 한다.

근거는 '태아도 사람이다'와 '사람을 죽이면 살인죄로 처벌받는다'
이다. '사람을 죽이면 살인죄로 처벌받는다'는 근거를 생략했다. 법
률 지식이 없는 삼척동자도 알 수 있는 인류 보편적인 상식이기 때
문이다.

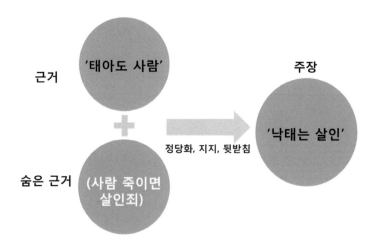

> 인터넷 보급률이 IT 강국을 판단하는 중요한 기준이다. 한국은 IT 강국
> 이다.

'인터넷 보급률이 IT 강국을 판단하는 중요한 기준이다'가 첫째 근거이고 '한국 인터넷 보급률은 세계 최고다'가 둘째 근거이다. '한국은 IT 강국이다'는 주장이다. 둘째 근거를 생략했다. 사실, 한국은 세계에 내세울만한 IT 상품이 없다. 한국은 IT 강국이 아니라 IT 소비 대국일 뿐이다.

> 철수의 가방 끈은 준표보다 길다. 철수가 준표보다 공부를 잘한다.

근거는 '철수 가방 끈이 준표보다 길다'와 '가방 끈이 길면 공부도 잘한다'이다. 둘째 근거를 생략했다. '가방 끈 길다고 공부 잘하는 거 아니다'라는 말을 들어 보았을 것이다. 공부는 잘하지만 형편이 어려워 학교를 다닐 수 없는 사람이 많았던 때 하던 말이다. 가난 때문에 교육을 받지 못하는 사람이 거의 없는 오늘날에는 가방 끈이 길면 대개 공부도 잘한다.

여성의 뇌 크기는 남성보다 작다. 여성은 남자보다 머리가 나쁘다.

'여성의 뇌 크기는 남성보다 작다'와 '뇌가 클수록 머리도 좋다'가 근거이다. 근거를 하나 생략했다. 뇌과학자에 따르면 여성은 뇌가 작지만, 지능지수는 남성보다 높다고 한다. 머리 큰 사람은 위안거리를 하나 더 잃었다.

> 상어는 물고기다. 상어는 배꼽이 없을 것이다.

 '상어는 물고기다'와 '물고기는 배꼽이 없다'가 근거이고 '상어는 배꼽이 없을 것이다'는 주장이다. 둘째 근거를 생략했다. 새끼를 낳아 젖을 먹여 키우는 포유류와 달리, 알을 낳는 어류가 배꼽이 없다는 사실은 상식이므로 '물고기는 배꼽이 없다'는 근거를 생략했다(주몽과 박혁거세는 포유류이지만 배꼽이 없다).

일상생활에서는 주장(결론)을 생략하는 논증도 자주 접할 수 있다. 굳이 주장을 밝히지 않아도 누구나 알 수 있는 경우다.

K팝스타 출신은 모두 노래와 춤의 고수래. 저 애도 K팝스타 출신이래.

두 문장에서 '저 애도 노래와 춤의 고수다'라는 주장을 쉽게 끌어낼 수 있다. 근거만 제시하고 주장을 생략한 논증이다.

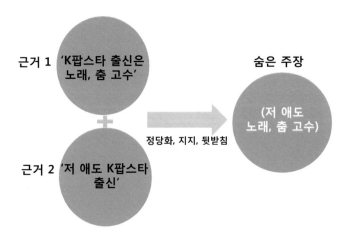

인간이라면 기아로 죽어가는 아이를 외면할 수 없다. 우리는 인간이다.

'인간이라면 기아로 죽어가는 아이를 외면할 수 없다'와 '우리는 인간이다'라는 근거에서 '우리는 기아로 죽어가는 아이를 외면할 수 없다'는 주장을 쉽게 끌어낼 수 있다. 주장을 생략하여 호소력이 강한 논증을 제시했다.

현대인이라면 절대 피할 수 없는 광고는 본질적으로 논증이다. '구매'라는 결론을 도출하기 위해 감각적으로 근거를 제시하기 때문이다. 소비자가 거부감을 갖지 않도록 광고에는 결론을 숨기는 경우가 많다.

> 침대는 가구가 아닙니다. 과학입니다.

근거는 '에이스 침대는 단순한 가구가 아니다'와 '에이스 침대는 잠을 잘 자도록 과학적으로 제조했다'이고 '그러므로 에이스 침대를 구매해야 한다'가 결론이다. 결론을 생략한 논증이다.

소비를 부추기는 광고가 주는 거부감이 이 카피에는 없다. 수면공학을 연구하여 과학적으로 만든 침대라는 메시지가 돋보인다. 이 카피는 설득력 있는 논증이다.

주장과 근거를 모두 생략하는 논증도 있다. 생략을 해도 주장과 근거를 잘 알 수 있는 경우이다.

> 중국이 월드컵에서 우승하면 내가 성을 간다.

숨은 근거는 '나는 성을 갈지 않을 것'이고, 숨은 주장은 '따라서 중국은 절대 우승하지 못한다'이다.

2015년 시진핑 중국 주석은 "30년 안에 월드컵 개최와 본선 진출, 그리고 우승을 해야 한다"고 공개 주문했다. 이후 중국 정부는 축구에 대대적으로 투자하고 있으나 2018년 러시아 월드컵에서 중국은 본선에도 진출하지 못했다. 이렇게 호언장담해도 당분간 성을 갈 일은 없을 것 같다.

연습 문제와 정답

1. 다음 진술에서 숨은 근거(전제)와 주장(결론)을 찾아 밝혀라.

① 그 사람이 나를 사랑한다면 나에게 다이아몬드 반지를
   해주었을 거야.

② (고속도로 휴게소 남자 화장실) 남자가 흘리지 말아야 할 것
   은 눈물만이 아니다.

☀ answer

① 숨은 근거는 '그 사람은 다이아몬드 반지를 주지 않았다'이고 숨은 주장은 '그 사람은 나를 사랑하지 않는다'이다. 다이아몬드는 여전히 힘이 세다. 심순애를 다이아몬드로 유혹한 김중배가 이수일을 이길 수밖에 없다.

② 숨은 근거는 '당신은 눈물만이 아니라 오물도 흘리지 않을 것이다'이고 숨은 주장은 '고로 당신은 남자다'이다.

"편견과 선입견과 고정관념을 완전히 해체하여
근본적으로 재구성할 때에만 진리를 볼 수 있다."

4장

논증 분석과 평가

01 논증 분석·평가 기준

　어떤 주장을 수용하거나 거부하기 위해서는 논증을 분석하고 평가해야 한다. 우리는 하루에도 수많은 주장과 그 주장에 딸린 근거를 접한다. 어떤 주장을 받아들이고 거부할지에 따라 우리 삶이 달라지기 때문에 논증의 분석과 평가는 중요하다.

　논증을 분석하고 평가하기 위해서는 첫째, 주장이 무엇이고 그 주장을 위해 어떤 근거를 제시하는지 살펴보아야 한다. 주장과 근거가 없다면 논증이 아니다. 둘째, 논증에 쓰인 언어가 명확한지 확인해야 한다. 언어가 애매하거나 모호하다면 좋은 논증이 아니다. 셋째, 근거가 사실인지와 그 근거에서 주장이 따라 나오는지 검토해야 한다. 넷째, 근거는 주장을 어느 정도 뒷받침하는지 따져야 한다. 근거가 주장을 충분하게 뒷받침하지 않으면 논증은 설득력을 잃는다.

　주장을 할 때마다 근거를 제시하고, 어떤 주장을 접할 때 그 주장의 근거가 충분한지 헤아리고 매기는 과정에서 논리적인 사고가 자라난다.

논증 분석과 평가

논증 결정	언어 명확성 판단	분석	평가
주장과 근거가 있는가?	언어가 애매모호하지 않고 명확한가?	근거는 참인가? 근거에서 주장이 따라 나오는가?	근거는 주장을 어느 정도 뒷받침하는가?

02 텍스트와 컨텍스트

같은 논증이라도 상황이나 환경, 시대에 따라 좋은 논증으로 평가할 수 있고 오류로 판별하기도 한다. 오류를 판별할 때는 근거와 주장을 둘러싼 구체적인 상황에 주목해야 한다. 텍스트(Text)만이 아니라 컨텍스트(Context)도 감안해야 한다.

텍스트는 해석이 필요한 사물이다. 문장, 그림, 사진, 영상 등 어떤 메시지를 담은 것이다. 컨텍스트는 텍스트 해석을 둘러싼 배경, 환경, 상황, 조건 등을 가리킨다.[7] 흔히 맥락이라고 한다. 맥락에 따라 텍스트의 의미가 달라지는 경우가 많으므로 논증을 평가할 때는 텍스트와 컨텍스트를 같이 살펴야 한다.

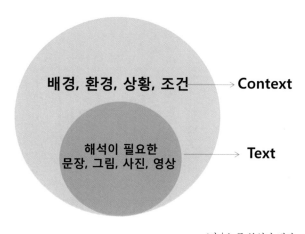

예를 들어 삼성전자 신입 사원이 '나의 회사'라고 할 때와 이재용 부회장이 '나의 회사'라고 할 때, 텍스트는 같지만, 의미는 다르다. 신입 사원에게는 '내가 다니는 회사'를 뜻하지만, 이재용 부회장에게는 '내가 소유한 회사'를 의미한다. '나의 회사'라는 텍스트를 증명하기 위해 신입 사원은 재직증명서가, 이 부회장은 주주증명서가 필요하다.

03 논증 평가 3대 기준과 사례

　논증은 근거나 이유를 제시한 주장이다. 논증을 평가할 때 가장 중요한 기준은 크게 세 가지를 들 수 있다.

　첫째, 근거를 수용할 수 있어야 한다. 근거는 참이거나, 참이라고 확신할 수 없지만 믿을 만해야 한다. 즉, 근거가 받아들일 만해야 한다. 근거가 거짓이 아니거나, 근거를 의심할 만한 사실이 없어야 한다.

　둘째, 근거는 주장과 관련이 있어야 한다. 근거가 받아들일 만해도, 주장과 관련 있다고 판단할 수 있는 정황이나 증언 등 증거가 있어야 한다.

　셋째, 근거는 주장을 충분하게 뒷받침해야 한다. 근거가 참이고 주장과 관련이 있어도, 어떤 주장을 할 때는 상대가 이를 받아들일 만한 충분한 근거나 객관적인 이유를 제시해야 한다.

『나쁜 사마리아인들』을 쓴 장하준 교수는 경영학 박사다. 모든 경영학 박사는 회사 경영에 관심이 많다. 장 교수는 회사 경영에 관심이 많다.

'장하준 교수는 경영학 박사다'라는 첫째 근거는 사실이 아니다. 장 교수는 케임브리지 대학에서 경제학 박사 학위를 받았다. 둘째 근거인 '모든 경영학 박사는 회사 경영에 관심이 많다'도 사실이 아니다. 경영학과 교수는 대부분 경영학 박사 학위를 갖고 있지만, 회사 경영보다는 학문 연구에 매진하는 교수도 많다.

이 논증은 근거는 참이거나 참이라고 믿을 만해야 한다는 논증 평가의 첫째 기준을 충족하지 못했다. 나쁜 논증 또는 오류 논증이다.

이 논증을 평가하기 위해서는 장하준 교수는 누구인지, 경영학 박사는 무엇에 관심이 많은지 등 배경지식이 필요하다. 배경지식은 하루아침에 쌓을 수 없다. 시간이 많이 걸린다. 논리적 사고력은 논리학 원리 위에 배경지식을 많이 쌓을 때 강해진다.

> 마약 중독자는 대개 커피를 즐겨 마신다. 커피를 즐겨 마시면 마약 중독자가 되기 쉽다. 커피를 금지해야 한다.

'마약 중독자는 대개 커피를 즐겨 마신다'는 근거도 의심스럽지만 '커피를 즐겨 마시면 마약 중독자가 되기 쉽다'는 근거는 얼토당토아니하다. 한국에 두 집 걸러 하나씩 있는 카페가 마약 사범의 온상이라는 말인가? 근거는 참이거나, 참이라고 믿을 만해야 한다는 논증 평가의 첫째 기준을 충족하지 못했다. 근거를 수용할 수 없는 오류 논증이다.

> 다수결은 민주주의를 실현하는 좋은 방법이다. 우리가 결혼할지 여론조사를 통해 다수결로 결정하자.

'다수결이 민주주의를 실현하는 좋은 방법이다'라는 근거는 수용할 수 있지만, 이 근거에서 '결혼을 다수결로 결정하자'는 주장이 따라 나오지 않는다. 공적인 제도인 민주주의와 사적인 애정에 바탕으로 둔 결혼은 유사성이 거의 없기 때문이다. 즉, 근거가 주장과 관련이 없다. '근거는 주장과 관련이 있어야 한다'는 논증 평가의 둘째 기준을 충족하지 못하므로 좋은 논증이 아니다. 이런 주장을 하는 사람과 사귀고 있다면 헤어지는 게 좋다.

> 백화점에서 중국인 세 명이 크게 떠들었다. 중국인은 시끄러운 민족이다.

중국인 3명이 백화점에서 떠들었다고 14억이 넘는 중국인을 시끄러운 민족이라고 주장할 수는 없다. 근거는 되지만 주장을 입증하기에는 턱없이 부족하다. 근거는 주장을 충분히 뒷받침해야 한다는 논증 평가의 셋째 기준을 충족하지 못한다.

이런 주장을 공공연하게 하는 사람이 가끔 있다. "내가 겪어 봐서 아는데 정말 중국인은 시끄러워"라고 목소리를 높인다. 시끄러운 중국인을 몇 명이나 아느냐고 물으면 "하나를 보면 백을 알 수 있다"라고 대꾸한다. 궁예가 재림했다.

> 선정적인 게임 탓에 성범죄가 증가했다. 선정적인 게임을 금지하면 성범죄가 감소할 것이다.

선정적인 게임이 늘었고 성범죄가 증가했다는 근거가 사실일 수 있다. 그러나 선정적인 게임 탓에 성범죄가 늘었다고 단정할 수 없다. 계절적 요인(휴가철에는 성범죄가 증가한다)이나 직장 내 갑을(甲乙) 관계 탓에 성범죄가 늘 수 있다.

선정적인 게임을 금지하면 성범죄가 줄 것이라고 단정하기도 어렵다. 선정적인 게임으로 대리 충족하던 욕구를 범죄로 해소하려고 하면 오히려 성범죄가 늘어날 수도 있다. 집창촌을 단속하자 주택가로 장소를 바꿔 성매매를 하는 풍선 효과가 이러한 주장을 방증한다. 이 논증은 '근거는 주장을 충분히 뒷받침해야 한다'는 논증 평가의 셋째 기준을 충족하지 못한다.

연습 문제와 정답

1. 아래 진술은 믿을 수 있는가? 믿을 수 없다면 그 이유는?

① (심층수 광고에 출연한 의대 교수) 심층수가 원기 회복에 좋다는 말은 과학적으로 밝혀진 사실입니다.

② (백화점에서 판매원이 손님에게) 이 옷은 아주 잘 팔려요. 뉴욕에서도 정말 잘 팔리는 옷이래요.

③ (인터넷 게시판 실린 글) 지자체 단체장이 여배우와 사귄 적이 있대.

☀ answer

① 의대 교수가 과학 세미나에서 주장했다면 믿을 수 있지만, 돈을 받고 출연한 광고이기 때문에 믿을 수 없다.

② 판매원이 옷을 팔려는 의도로 주장했기 때문에 믿을 수 없다. 집에서 가족에게 권했다면 믿을 수 있다.

③ 정론을 펴는 신문사가 보도한 기사라면 믿을 수 있지만, 누구나 글을 쓰는 자유게시판이나 황색 언론에 실렸다면 믿을 수 없다.

광고 수입을 늘리기 위해 선정적이고 자극적인 글을 쓰는 기자를 기레기라고 한다. 기러기는 한번 맺은 연분을 끝까지 지키는 조류로 금실 좋은 부부를 상징한다. 지조 없는 정치인을 흔히 철새에 비유한다. 기레기는 철새만도 못한 잡새다.

"내 주장의 바탕에 있는 근거가 명확하지 않으면
상대를 설득할 수 없고 상대 주장의 근거를 확실하게
파악하지 못하면 설득당한다."

5장

오류 논증

논증을 평가하는 세 가지 기준을 모두 충족해야 좋은 논증이다. 기준을 단 하나라도 충족하지 못하면 오류 논증이다. 오류 논증과 논증 평가 기준은 동전의 양면이다. 표현만 다르지 내용은 같다.

오류 논증은 논증 평가 기준 세 가지를 따라서 똑같이 세 가지 경우로 나눌 수 있다. 첫째, 수용 가능성 오류이다. 근거(논거, 이유, 전제)를 받아들일 수 없거나 참이 아닌 경우이다. 둘째, 관련성 오류이다. 근거(논거, 이유, 전제)가 주장과 관련이 없는 경우이다. 셋째, 충분성 오류이다. 근거(논거, 이유, 전제)가 주장과 관련이 있지만, 충분히 뒷받침하지 못하는 경우이다. 이 세 가지 경우 중에 하나라도 해당하면 나쁜 논증 또는 오류 논증이다.

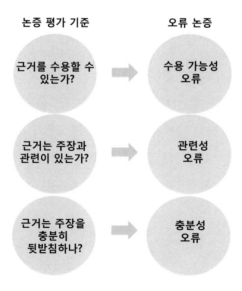

01 수용 가능성 오류

부적합한 권위에 호소하는 오류

부적합한 권위에 호소하는 오류는 비전문가의 진술을 그대로 받아들이거나, 전문가이지만 자기 분야가 아닌 다른 분야의 진술을 받아들이는 경우를 가리키는 오류이다.

> 휘어지는 핸드폰은 있거든. 우리 아빠가 그랬거든. 우리 아빠는 철학 박사거든.

아이는 휘어지는 핸드폰이 있다고 주장하면서 근거로 철학 박사인 아버지의 말을 인용했다. 철학 박사는 '핸드폰이 인류 행복에 미치는 영향'을 논할 때는 전문가이지만 '핸드폰의 물리적 특성'을 연구하는 자리에서는 비전문가다. 적합한 권위자가 아니다. 철학(鐵學) 박사라면 아이의 말은 부적합한 권위에 호소하는 오류가 아니다.

> 탤런트 G 씨는 K가 가장 맛있는 커피라고 했다. K가 가장 맛있는 커피라는 말은 맞다.

  G 씨는 바리스타나 로스터, 큐 그레이더(커피 품질 감별사)가 아니다. 돈을 받고 광고 모델 계약을 체결한 후 'K가 가장 맛있는 커피'라고 연기를 했을 뿐이다. 이런 오류는 공유하지 말자.

선결 문제 요구의 오류(순환 논증의 오류)°

논증은 당연한 것을 근거(전제)로 당연하지 않은 주장(결론)을 도출하여 상대를 설득하기 위해 한다. 당연하지 않은 주장으로 상대를 설득하려면 근거(전제)는 참이거나, 참이라고 확신할 수는 없어도 믿을 만해야 한다. 즉 근거는 주장(결론)보다 확실해야 한다.

근거를 물었는데 내세우려고 하는 그 주장을 근거로 제시하거나, 근거 자체가 주장과 비슷하여 근거를 받아들이지 못하는 논증이 있다. 이런 논증을 선결 문제 요구의 오류라고 한다. 같은 말을 또 한다고 하여 순환 논증의 오류라고도 한다.

이 오류는 근거가 받아들일 만해야 한다는, 논증 평가의 첫째 기준을 어겼다. 이런 경우 상대에게 근거는 참이거나, 참이라고 확신할 수 없지만 믿을 만해야 한다는 선결 문제를 해결하라고 요구해야 한다.

야근은 건강을 해친다. 왜냐하면 야근은 몸에 좋지 않기 때문이다.

'야근은 건강을 해친다'는 주장을 뒷받침하기 위해 '야근은 몸에 좋지 않다'는 근거를 제시했다. 주장과 근거가 같다. 근거는 주장보다 확실해야 한다는 선결 문제를 해결하지 못했다.

> 멀티미디어를 활용한 학습은 기존 방식보다 효과가 좋다. 멀티미디어를 활용하면 책으로만 배울 때보다 공부가 잘되기 때문이다.

'멀티미디어를 통한 학습이 기존 방식보다 효과가 좋다'고 주장하기 위해 '멀티미디어를 활용하면 공부가 잘된다'는 근거를 제시했다. 주장과 근거가 표현만 조금 다르지 사실상 같다. 근거는 주장보다 확실해야 한다는 선결 문제를 해결하지 못했다.

> 여성은 남성보다 회사를 잘 경영할 수 있다. 여성은 남성보다 경영에 적합한 역량을 잘 갖추고 있기 때문이다.

'여성은 남성보다 회사를 잘 경영할 수 있다'는 주장과 '여성은 남성보다 경영에 적합한 역량을 잘 갖추고 있다'는 근거가 표현만 조금 다르지 실제는 같은 말이다. 근거와 주장이 돌고 도는 선결 문제 요구의 오류이다.

'여성은 남성보다 회사를 잘 경영할 수 있다'는 주장은 성 갈등을 일으키므로 자제해야 한다. 하지만 다수가 수긍하거나 그럴듯한 근거를 댄다면 충분히 할 수 있는 주장이다. 성공한 여성 경영자를 사례로 들거나, 경영자에게 필요한 자질인 친화력, 섬세함, 창의성이 남성보다 뛰어나다는 객관적인 증거를 제시하면 오류가 아니다.

근거	주장

<table>
<tr>
<td>

* 야근은 몸에 좋지 않다
* 멀티미디어 학습은
  공부가 잘 된다
* 여성은 남성보다 경영에
  적합한 역량을 갖추고 있다

</td>
<td></td>
<td>

* 야근은 건강을 해친다
* 멀티미디어 학습은
  효과가 좋다
* 여성은 남성보다 회사를
  잘 경영할 수 있다

</td>
</tr>
</table>

돌려막기

거짓 딜레마(흑백논리, 이분법적 논리) °

선택을 두세 가지로 제한하고 그 외에 다른 선택은 할 수 없다고
가정했는데, 실제로는 다른 선택을 할 수 있을 때를 가리키는 오류
이다. 세상은 흑백 영화가 아니다. 총천연색 영화다. 선택을 두세
가지밖에 할 수 없다는 첫째 근거가 거짓이다. 세상을 흑백 두 가
지로만 나눠 본다고 하여 흑백논리 또는 이분법적 논리라고도 한
다.

> (아빠) 지금 잘래? 5분 후에 잘래? 지금 안 자고 싶지, 그럼 5분 후에 자야 해!
>
> (아들) 안 잘래

부모가 애를 일찍 재우기 위해 흔히 쓰는 수법이다. 아빠는 첫째 근거로 '지금 자거나 5분 후에 자거나 둘 중의 하나만 선택할 수 있다'고 제한하고 둘째 근거로 '그런데 너는 지금 자려고 하지 않는다'고 말한 후 '따라서 5분 후에 자야 한다'고 결론을 내렸다. 아빠는 지금 자거나, 5분 후에 자는 두 가지 선택만 놓고 논증했다. 그러나 선택은 두 가지만 있지 않다. 아들은 이를 간파하고 두 가지 다 거부하고 '안 잔다'고 했다. 즉 두 가지밖에 선택할 수 없다는 아빠의 첫째 근거는 거짓이다. 이런 경우가 거짓 딜레마다.

거짓 딜레마는 일상생활에서 많이 쓰인다. 잘 활용하면 상대를 자신이 원하는 방향으로 몰아붙일 수 있기 때문이다. 담판을 짓거나 토론할 때 자주 볼 수 있다.

입사 3년 만에 능력을 인정받아 30세에 펩시콜라 부사장이 된 존 스컬리. 그는 다양한 양과 형태로 콜라를 출시했고, 거금을 투입해 '펩시 시대'라는 캠페인을 전개했다. 광고 형태와 비용 면에서 기존 마케팅을 압도하자 바닥을 기었던 펩시콜라의 점유율이 상승하기 시작했다.

결정타는 1975년에 실시한 블라인드 테스트 광고다. 소비자가 눈을 가린 채 펩시콜라와 코카콜라를 시음한 후 어떤 콜라가 좋은지 선택하는 상황을 광고로 만들었다. 펩시콜라는 코카콜라보다 맛이 떨어진다는 통념과 달리 소비자는 펩시를 선택한다는 내용을 광고에 담았다. 스컬리는 이 광고를 통해 '펩시는 2류'라는 인식을 깨고 '코카콜라 경쟁자'라는 이미지를 확고하게 심었다. 이 공로로 스컬리는 1977년 펩시콜라의 CEO가 되었다. 역대 최연소 CEO였다.

이후 스컬리는 5년간 별 탈 없이 회사를 경영했다. 1983년 어느 날, 그의 운명은 창업한 지 얼마 되지 않은 무명의 청년 사업가를 만나면서 바뀐다. 이 청년은 마케팅 능력과 경영 경험을 갖춘 인재를 찾고 있었다. 스컬리가 제격이었다. 그는 스컬리에게 자기 회사의 CEO를 맡아달라고 설득했다. 반신반의하는 스컬리는 그의 마지막 한마디에 이직을 결심했다.

"평생 설탕물이나 팔겠습니까? 나와 함께 세상을 바꾸겠습니까?"(Do you want to sell sugar water all your life, or do you want to come with me and change the world?)[8]

이 청년은 스티브 잡스다. 잡스의 권유는 거짓 딜레마다.

평생 설탕물이나 팔며 여생을 허비하는 것과 애플로 이직하여 세상을 바꾸는 것, 이렇게 둘만 선택할 수 있는 상황이 아니기 때문이다. 스티브 잡스가 논리학을 공부했는지, 스카우트 제의가 오류 논증이라는 것을 그가 알았는지는 모르겠다. 어쨌든 그는 오류를 이용하여 훌륭한 인재를 영입했다. 오류를 잘 이해하면 역이용할 수도 있다. 스티브 잡스처럼.

교회를 다니지 않기 때문에 진중권 교수는 무신론자이고, 소망 교회에 출석하므로 이명박 대통령은 유신론자이다.

세상에는 교회를 다니는 유신론자와 다니지 않는 무신론자만 있는 것이 아니다. 교회에 나가지 않지만 신을 믿는 사람도 있고, 인간이 신의 존재 여부를 아는 것은 불가능하다고 믿는 불가지론자도 있다. 이 논증은 거짓 딜레마다. 무신론자와 유신론자 중에서 하나를 선택해야만 하는 경우가 아니기 때문이다.

20년 동안 교회를 다닌 지인은 추악한 짓을 서슴지 않는 교인 때문에 무신론자가 되었다. 2017년 2월, 프란치스코 교황은 위선적인 유신론자보다 착한 무신론자가 낫다고 설교했다. 이 설교를 들으니 성당에 가고 싶다.

> (환경 단체) 지구 온난화가 심각합니다. 환경 단체에 기부하겠습니까? 아니면 지구 파괴를 방관하겠습니까?

환경 단체에 기부하여 파괴를 저지하는 것과 기부하지 않고 파괴를 방관하는 것, 이렇게 두 가지 선택만 있는 것이 아니다. 기업 이미지 개선을 위해 환경 단체에 기부하지만, 폐수를 몰래 방류하는 업체도 있고, 환경 단체에 기부는 하지 않지만, 일상에서 적극적으로 환경을 보호하는 시민도 있기 때문이다.

애매어의 오류 °

　동음이의어나 다의어 등을 통해, 핵심 용어를 다른 뜻으로 쓰고 있으면서, 같은 뜻인 것처럼 사용할 때 발생하는 오류이다.

　논리학에서 애매함과 모호함은 구별하여 사용한다. 애매함은 배(梨, 船, 腹)나 밤(栗, 夜), 교사(敎師, 敎唆, 校舍, 絞死)처럼 여러 가지 뜻이 있는 어휘를 사용한 진술을, 다른 의미로 해석할 수 있는 상황을 말한다. '발 없는 말이 천리 간다'에서 말(言語)을 말(馬)로 알아듣거나 '까마귀 날자 배 떨어진다'에서 배(梨)를 배(船)나 배(腹)로 착각하는 사람이 없듯이 애매어는 크게 문제가 되지 않는다.

　모호함은 개념을 적용하는 경계가 흐릿하거나 부정확한 용어를 사용하여 의미가 명료하지 않은 상황을 가리킨다. '부장님은 대머리다'에서 머리숱이 몇 개 이하이면 대머리라고 하는지 모호하다. '김혜수와 고현정은 중년 여성이다', '장동건과 이순재는 노년 남성이 아니다'에서 '중년'과 '노년'도 경계가 모호하다. 40세는 청년에 속하는지 아니면 중년에 속하는지, 60세는 노년이라고 해야 하는지 아직 중년인지 사람마다 의견이 다르기 때문이다.

논증을 평가할 때는 애매함과 모호함을 구별하지 않는다. 애매하거나 모호한 말을 사용하여 오류가 되면 모두 애매어의 오류로 분류한다.

> 마태복음 5장 28절은 "음욕을 품고 여자를 보는 자는 이미 간음하였다"라고 했고 너는 음란하게 여성을 쳐다 보았으니 죄인이다. 죄인은 격리해야 한다. 고로 너는 감옥에 갇혀야 한다.

첫째 문장에서 '죄인'은 신학적 의미의 죄인이고 둘째 문장에서 '죄인'은 실정법적 의미의 죄인이다. 완전히 다른 뜻인데 같은 뜻으로 사용하여 '너는 감옥에 갇혀야 한다'는 황당한 결론을 도출했다. 애매어의 오류이다.

지미 카터 전 미국 대통령은 재임 시에도 주일 학교 반사를 할 정도로 독실한 신앙인으로 유명하다. 마태복음 5장 28절을 언급하며 자신도 "누군가에게 음욕을 품은 적이 있다"라고 고백했다. 죄를 자백했어도 그를 감옥에 보낼 수는 없다. 실정법적으로는 무죄이기 때문이다.

이성을 음란한 시선으로 바라보는 행위를 시선 강간이라고 한다. 시선 강간이란 어휘의 원조는 성경인 셈이다. 마태복음 5장 29절은 '네 오른 눈이 너로 실족하게 하거든 빼어 내버리라'고 하였다. 눈을 빼어 버릴 잘못은 저지르지 말자. 시선 강간이라는 표현이 지나치다는 지적도 있다. 하지만 이성을 성적 대상화하는 시선은 분명 문제가 있다.

> 우리가 어떤 민족입니까? 배달의 민족입니다.

　음식 배달 앱(App) '배달의 민족'을 운영하는 기업, 우아한 형제의 광고 카피다. 이 카피는 주장을 생략한 논증이다. '우리는 배달의 민족이다'가 근거이고 '고로 배달의 민족 앱으로 음식을 주문하라'가 주장이다. 앞 문장에서 '배달'은 상고 시대에 우리나라를 뜻한다. 뒤 문장에서 '배달'은 물건을 주문한 사람에게 전달하는 행위다. 의미가 완전히 다르다.

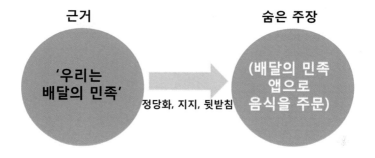

　이 광고 카피로 남북한 칠천만 민족은 배달의 민족 앱을 이용해야 한다는 사명을 띠게 되었다. 애매어의 오류를 이용한 멋진 카피다. 우아한 형제는 이 카피로 인지도를 크게 확산했다. 오류도 우아하게 활용하면 회사 살림에 큰 보탬에 된다.

> 살인자를 처벌해야 한다. 검사는 사형을 집행하여 사람을 죽인다. 사형을 집행한 검사를 처벌해야 한다.

첫 문장에서 살인자는 불법을 저지른 자를 뜻한다. 두 번째 문장에서 '사람을 죽인 행위'는 폭력을 독점한 국가 기관의 합법 행위다. 같은 단어지만 법적으로 의미가 다르다. '사형을 집행한 검사를 처벌해야 한다'는 황당한 주장은 애매어의 오류이다.

> 시장에 가면 경제를 알 수 있다고 하더라. 굳이 경제 과목을 수강 신청하
> 지 말고 노량진 수산 시장에 가서 경제를 배워라.

앞 문장의 경제는 실물 경제, 뒤 문장의 경제는 미시, 거시 등 이론 경제를 의미한다. 노량진 수산 시장에서 이론 경제를 배울 수는 없다.

2007년 12월, 17대 대통령 선거에 출마한 이명박 후보는 재래시장을 여러 차례 방문하여 시장 경제를 살리겠다고 공약했다. 이를 믿고 시장 상인들이 많이 찍었다. 이명박 후보가 살리겠다는 시장 경제는 신자유주의 시장 경제로 사회주의 경제의 상대어이다. 신자유주의 시장 경제를 신봉하는 정부는 소상공인에게 불리한 정책을 편다. 재래시장 활성화에 도움이 안 된다. 시장 상인들이 애매어의 오류를 범했다. 실제로 이명박 정부 5년간 재래시장 경기는 살아나지 않았다.

분할의 오류와 결합의 오류 °

　분할의 오류는 전체가 갖는 성질이나 속성을 부분도 가질 것이라고 생각할 때 일어나는 오류이다. 어떤 사물이나 현상의 속성을 그 구성 부분은 가지고 있지 않은데, 가지고 있다고 추론하는 경우에 발생한다.

　반대로 부분이 갖는 성질을 전체도 가질 것이라고 착각하는 경우는 '결합(합성)의 오류'라고 한다. 어떤 사물이나 현상의 부분적인 성질이나 속성을, 전체는 가지고 있지 않은데, 가지고 있다고 추론하는 경우에 발생한다.

　사물이 분리하거나 결합할 때 물리화학적 성질이나 구조가 근본적으로 변화하는 경우가 있다. 이 변화를 간파하지 못하여 발생하는 오류이다.

> 비행기는 날 수 있다. 고로 비행기 날개도 날 수 있다.

무게가 수백 톤이 넘어도 비행기는 하늘을 날 수 있지만, 비행기 부품은 절대로 날 수 없다. 분할의 오류이다.

> 모든 물체는 원자로 구성되어 있다. 원자는 눈으로 볼 수 없다. 그러므로 모든 물체는 눈으로 볼 수 없다.

초등학생도 간파할 수 있는 결합의 오류이다. 원자는 볼 수 없지만, 원자로 구성된 통닭과 피자는 눈을 감아도 잘 보인다.

> 걸그룹 이 아무개는 명란 젓을 좋아한다. 토스트도 좋아한다. 이 아무개
> 는 명란 젓을 듬뿍 바른 토스트를 좋아할 것이다.

　명란 젓과 토스트를 아무리 좋아해도 토스트에 명란 젓을 듬뿍
바르면 누구라도 토할 것이다. 결합의 오류이다. '이 아무개는 명란
젓을 좋아한다. 그는 성격이 명랑한 게 틀림없다'는 진술은 애매어의
오류가 아니다. 아재 개그다. 명란 젓을 명란 젖으로 쓰는 사람도 있
다. 명태가 젖을 먹여 새끼를 키우나? 명태는 포유류가 아니다.

> 기아는 17년 한국시리즈에서 우승한 최고의 팀이다. 기아 선수는 모두 최
> 고의 선수임이 틀림없다.

　최고의 팀에도 기량이 떨어지거나 부상이나 슬럼프로 성적이 나
쁜 선수는 있게 마련이다. 분할의 오류이다.

> 레알 마드리드 선수는 한 명 한 명 모두 세계에서 가장 뛰어나다. 레알 마
> 드리드는 세계에서 가장 강한 축구 클럽이다.

선수가 모두 뛰어나도 조직력이 약하거나 감독의 지도력이 부족
하여 클럽은 약체일 수 있다. 결합의 오류이다. 베트남 축구팀은
선수들의 실력은 뛰어나지 않으나 박항서 감독의 지도력으로 강팀
으로 성장했다.

> (삼성전자 신입 사원) 우리 회사의 직원 평균 연봉은 1억 2천만 원이다.
> 나도 올해 1억 2천만 원 받을 거니까 외제차를 사야겠다.

2017년 삼성전자 사업보고서에 따르면 직원 평균 연봉은 1억
1,700만 원이다. 그러나 신입 사원 연봉은 수당을 합쳐도 7,000만
원을 넘지 않는다. 외제차를 굴리기에는 좀 부족하다. 분할의 오류
이다. 반면 사외이사와 감사위원을 제외한 등기이사 네 명의 평균
수령액은 103억 3,700만 원이다. 빌딩을 살 수 있는 거금이다. 직원
평균보다 88배 더 많다.

> 개미는 인간보다 훨씬 가볍다. 지구에 있는 모든 개미의 몸무게를 합치면
> 전 인류의 몸무게보다 가벼울 것이다.

영국의 어느 곤충학자에 따르면 지구에 현존하는 개미는 무려 1경(10의 16승) 마리나 된다. 일개미 한 마리의 평균 체중을 대략 1~5mg으로 계산하면 전 세계 개미의 몸무게는 인류 전체의 무게와 맞먹는다.[9] 결합의 오류이다. 이 논증을 평가하려면 개미 세계를 잘 알아야 한다. 논리적 사고력을 키우려면 배경지식이 풍부해야 한다.

연습 문제와 정답

1. **다음 중 부적합한 권위에 호소하는 오류는?**

① 유명 치과 의사가 그러는데, 스케일링이 잇몸을 보호한대. 너도 스케일링 좀 해라.

② 사드 배치는 국익에 큰 도움이 안 된다고 외교부 차관이 주장했다.

③ 로스쿨 교수님도 신이 없다고 하는데 너는 왜 신을 믿냐?

④ 지난 번 텔레비전에 여배우가 나와서 이 피자가 맛있다고 하더라. 한 조각 먹어봐.

answer

3번. 로스쿨 교수는 종교학이나 철학 전문가가 아니다. 4번의 경우 여배우가 피자를 간접 홍보하기 위해 텔레비전에 나왔다면 오류이고, 덕후 수준의 피자 전문가라면 오류가 아니다. 4번 논증을 평가하기 위해서는 '텔레비전에 여배우가 나와서 이 피자가 맛있다고 하더라'라는 텍스트뿐만 아니라 '여배우의 피자 지식'이라는 컨텍스트도 파악해야 한다.

2. 다음 제시문에 어떤 오류가 있는지 말하라.

① 언론, 출판, 집회의 자유는 국민 전체에 이익이 되므로
   보장해야 한다. 국민이 자유롭게 의사를 표시하도록 허
   용하는 것이 공동체의 이익을 신장하기 때문이다.

② 경찰서장: "조폭은 왜 도박장이나 술집을 관리하지?"
   형사: "원래 조폭은 그런 일 하잖아요?"

③ 공립학교에서는 교장으로 승진하지 못하면 퇴직해야 한
   다. 따라서 남이 승진하기 전에 내가 먼저 승진해야 한
   다.

④ 이 부장은 도덕적으로 정말 깨끗한 사람이다. 이번 감사
   에서도 부정과 비리가 하나도 드러나지 않았다.

⑤ 프랑스는 패션을 선도하는 나라이다. 프랑스에서 옷을
   못 입는 사람은 없다.

answer

① 선결문제 요구의 오류이다. 국민 전체의 이익이 되는 것이나, 공동체 이익 신장이나 같은 말이기 때문이다. 근거와 주장이 표현만 조금 다르지 사실상 같다.

② 조폭이 도박장이나 술집을 관리하는 사실을 알고 그 이유를 물었는데 조폭은 원래 그렇다는 것을 근거로 내세웠기 때문에 선결 문제 요구의 오류이다.

③ 거짓 딜레마이다. 승진하지 못해도 평교사로 근무하다 정년 퇴직할 수 있다. 공립학교가 아니라 대기업이라면 상황이 다르다. 대기업에서는 승진하지 못하면 잘리는 경우가 많다. 실제로 지인도 승진하지 못해 퇴사해야만 했다. '대기업에서 승진하지 못하면 퇴사해야 한다. 그러므로 남보다 먼저 승진해야 한다'는 주장은 거짓 딜레마가 아닐 수 있다.

④ 거짓 딜레마이다. 감사에서 부정과 비리가 드러나지 않았어도 가정 생활이나 교우 관계에 흠이 있을 수 있다. 이런 경우 도덕적으로 정말 깨끗한 사람이라고 말할 수 없다.

⑤ 분할의 오류이다. 프랑스가 패션을 선도한다고 프랑스 국민이 모두 옷을 잘 입는 것은 아니다.

02 관련성 오류

근거(전제)가 적절하고 참이라고 해도 주장(결론)과 관계가 없다면 그 근거는 주장을 뒷받침(지지, 정당화)한다고 볼 수 없다. 즉 근거는 주장과 조금이라도 관련이 있어야 한다. 근거가 주장과 관련이 없다면 주장이 참인지 거짓인지에 전혀 영향을 끼치지 못한다. 근거가 주장과 관련이 없는 경우를 가리켜 관련성 오류라고 한다.

> 술 마시는 사람은 마시지 않는 사람만큼 건강하다. 술 마시는 사람도 마시지 않는 사람만큼 간이 튼튼하기 때문이다.

'음주자와 비음주자 모두 간이 튼튼하다'는 근거는 '음주자도 비음주자만큼 건강하다'는 주장과 관련이 있다. '술 마시는 사람은 마시지 않는 사람만큼 건강하다'는 주장은 다툼의 여지가 있지만, 근거와 관계가 있기 때문에 관련성 오류가 아니다.

술 마시는 사람은 마시지 않는 사람만큼 건강하다. 클라우드 맥주는 인기 여배우가 광고하기 때문이다.

'인기 여배우가 클라우드를 광고한다'는 근거는 참(팩트)이지만 '술 마시는 사람과 마시지 않는 사람 모두 건강하다'는 주장과는 전혀 관계가 없다. 관련성 오류이다.

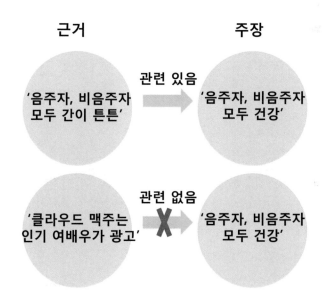

> (검사) 피고는 유죄입니다. 토막 살인은 너무 끔찍한 범죄이기 때문입니다.

유죄 근거로, 검사는 피고가 사람을 죽였다는 증거를 제시하지 않고 토막 살인은 끔찍하다고 논고했다. 피고가 유죄인지와 토막 살인의 특징은 관련이 없다. 아무리 토막 살인이 끔찍해도 다른 물증이 없다면 피고에게 유죄를 구형할 수 없다.

> 이명박 대통령의 4대강 사업은 성공할 거야. 그는 집무실에 가장 일찍 출근하고, 가난한 계층에게 관심이 많기 때문이야.

'이명박 대통령이 일찍 출근하고 가난한 사람에게 관심이 많다'는 근거는 사실일지라도 4대강 사업 성공과는 아무 관련이 없다. 4대강 사업이 성공할 거라는 주장은 홍수나 가뭄 방지 효과나 수질 개선 예측 등을 근거로 해야 한다.

> 우리나라는 동방예의지국이다. 전통은 계승해야 한다. 따라서 유급 육아 휴직은 법으로 보장해야 한다.

'동방예의지국이라는 전통을 계승해야 한다'는 근거와 '유급 육아 휴직을 법으로 보장해야 한다'는 주장은 관련이 없다. '신입 사원에게 예절 교육을 해야 한다'고 주장한다면 근거와 관련이 있다.

조선왕조실록에 따르면 세종대왕은 여종에게 출산 휴가로 130일을 보장했다. 세종 16년인 1434년 4월에는 여종 남편에게도 육아 휴가 제도를 실시하여 휴가를 30일 주었다고 한다.[10] 조선 시대보다 못한 환경에서 우리는 애를 키운다.

이처럼 주장을 뒷받침하기 위해 제시한 근거가 주장과 관련이 없을 때 '관련성 오류'라고 한다. 관련성 오류는 크게 다섯 가지로 나눌 수 있다.

사람에 호소하는 오류 °

어떤 주장의 근거를 묻고 따져 보는 것이 아니라, 주장하는 그 사람을 공격하는 경우를 가리키는 오류이다. 어떤 주장이 옳은지 그른지는 누가 그 주장을 했는가와 관련이 없다. '알파고는 이세돌보다 바둑을 잘 둔다'는 주장을 이세돌 친구인 가수 김장훈이 하든, 알파고를 개발한 허사비스 박사가 하든, 알파고가 이세돌을 이기면 참이고 이세돌이 이기면 거짓이다.

어떤 주장을 하는 사람의 학력, 도덕성, 행적을 거론하며 그 주장이 틀렸다고 공격하는 경우가 있다. 달을 가리키면 달을 봐야지 달을 가리키는 사람의 손톱에 낀 때를 보고 욕하면 안 된다. 달의 외형이나 본질이 손톱에 낀 때 탓에 달라지지 않기 때문이다.

견월망지(見月忘指)은 '달을 봤으면 달을 가리키는 손은 잊으라'는 뜻으로 불경 능엄경에 나오는 고사다. 형상에 얽매이지 말고 본질을 좇으라는 의미이다. 본질을 좇아야 논리적이다.

유발 하라리 교수의 역사 이론은 맞지 않아. 그는 게이이기 때문이다.

『사피엔스』와 『호모 데우스』를 쓴 하라리 교수가 게이라는 사실과 그의 역사 이론의 옳고 그름은 아무 관련이 없다. 그의 역사 이론은 '인류는 누구이며, 어디서 왔고, 어디로 갈 것인가', '변방의 유인원은 어떻게 지구를 지배했나'와 같은 물음에 응한 그의 주장에 국한하여 평가해야 한다.

임시원 사원은 입사한 지 한 달도 안 되었다. 유스 마케팅(Youth Marketing) 전략을 펼쳐야 한다는 그의 의견은 옳지 않다.

신입사원도 얼마든지 올바른 의견을 낼 수 있다. 즉, 근거는 주장과 관련이 없다.

회사에서 일하다 보면 경험이 없고 생각이 짧다는 이유로 어린 사원을 무시하는 간부를 가끔 본다. 청년 기업가들이 부상하는 최근의 경영 흐름에 둔감하기 때문이다. 페이스북을 이끄는 마크 저커버그는 1984년생이다. 세계 최연소 억만장자인, 스냅챗 창업자 에반 스피겔은 1990년생이다. 국내에도 젊은 경영인은 많다. 다음 카카오 임지훈 대표는 1980년생이고, 넥슨코리아 박지원 대표는 1977년생, NHN엔터테인먼트 정우진 대표는 1975년생이다.

마크 저커버그는 2012년, 10억 달러에 인스타그램을 매입했다. 너무 비싸게 샀다고 우려하는 전문가가 많았다. 당시 인스타그램 이용자는 3,000만 명에 불과했고, 광고 수익은 한 푼도 없었다. 직원수는 13명이었고 창업한 지 2년밖에 되지 않은 햇병아리 회사였다.

18년 6월, 인스타그램 기업 가치가 1,000억 달러를 넘어섰다고 블룸버그 인텔리전스가 추산했다. 인수한 지 6년 만에 기업 가치가 무려 100배 뛰었다. 18년 6월, 월간 활동 이용자가 10억 명을 넘어선 인스타그램은 앞으로 1년간 매출액은 100억 달러를 기록하고, 5년 내에 월간 이용자는 20억 명을 돌파할 것으로 블룸버그 인텔리전스는 전망했다.[11]

IT 업종은 고객이 주로 10대 후반과 20대이다. 고객 욕구와 취향 파악은 젊은 경영인이 유리하다. 나이가 많고 경력이 풍부해야만 경영을 잘하는 것은 아니다. 어린이나 젊은이에게 회사나 브랜드를 알려 훗날 이들을 고객으로 확보하려는 유스 마케팅도 젊은 사람이 잘할 수 있다. 나이는 벼슬이 아니다.

> 황우석 박사의 줄기세포 연구는 신뢰할 수 없다. 그는 의대 교수가 아니라 수의대 교수이기 때문이다.

황우석 교수가 어느 단과 대학에 속하느냐는 그의 연구 신뢰성과 관계가 없다. 사람에 호소하는 오류이다. 황우석 박사가 언론의 주목을 받자 성적이 모자라 의대를 가지 못해, 수의대를 갔다고 폄하하는 교수가 있었다. 가끔 교수도 찌질한 짓을 한다. 이런 찌질이를 치료하기 위해서도 줄기세포를 계속 연구해야 한다.

> 황 아무개 교수의 심리학 이론은 맞지 않아. 그가 대학에서 쫓겨났기 때문이야.

심리학과 교수가 대학에서 해임된 것과 그의 심리학 이론이 옳고 그름은 아무 관련이 없다. 학문적 성과와 관계없이 권력자나 재단을 비판하여 해임될 수도 있기 때문이다. 대학에서 해임되었든 종신 교수로 임명되었든 학자의 이론은 학문적인 관점에서 평가해야 한다.

대중에 호소하는 오류 °

'지나가는 사람에게 물어봐라. 내 말이 옳다고 그러지'라는 말처럼 자신의 주장이 옳다는 근거로 대중의 믿음에 호소하는 경우를 가리키는 오류이다. 다수의 믿음이 항상 옳은 것은 아니다. 다수가 옳다고 해도 진리가 아닐 수 있다. 진리는 가변적이다.

지구가 우주의 중심이며 모든 천체가 지구 주위를 돈다는 천동설(天動說)은 수천 년 동안 진리였다. 지금은 누구도 천동설을 믿지 않는다. 김종민도 정준하도 믿지 않는다.

대중에 호소하는 오류는 사람들이 실제 많이 저지른다. 식견이 있다고 자부하는 독자도 많은 사람이 봤으니 좋은 책일 거라며 베스트셀러를 선뜻 구입한다.

"베스트셀러 상위권에 오르게 되면 하루에 5~6권 나가던 책이 500권 이상 나간다. 이걸 알면 사재기 유혹에서 벗어나기 힘들다." 어느 출판사 직원의 고백이다. 베스트셀러라면 무조건 사고 보는 독자가 적다면 출판사도 굳이 사재기할 필요가 없을 거다. 이런 오류 때문에 상품을 구입하는 현상을 경제학에서는 '밴드 왜건 효과(Band Wagon Effect)' 또는 '편승 효과'라고 한다.

> 강경화 장관이 연설할 때 엄청나게 많은 인파가 몰렸다. 이것은 그가 위대한 외교관이라는 사실을 보여주는 생생한 증거이다.

인파가 몰린 사실이 위대한 외교관이라는 증거는 아니다. 대중에 호소하는 오류이다. 대북 관계 개선, 6자 회담 성사, 통상 마찰해소와 같은 실적을 근거로 대야 설득력이 있다.

> (썰전 방송 관계자) 시청률이 가장 높으니까 〈썰전〉은 가장 우수한 시사 프로그램이다.

시청률이 높다는 근거가 사실이라고 해도 가장 우수한 프로그램이라고 주장할 수는 없다. 많은 사람이 보는 프로그램일 뿐이다. 높은 시청률과 우수한 프로그램은 관계가 없는 경우가 많다.

주말 드라마 〈같이 살래요〉, 아시안게임 축구 중계, 〈나 혼자 산다〉, 일일 연속극 〈내일도 맑음〉, 〈해피 선데이〉, 〈정글의 법칙〉, 〈동거동락 인생과외 집사부일체〉.

2018년 8월 말 기준 닐슨코리아가 발표한 시청률 상위권 프로그램이다. 이 중에서 우수하다고 평가할 수 있는 프로그램이 몇 개나 있는가?

> 삼성컴퓨터가 가장 많이 팔린다. 우리 회사 서버도 삼성컴퓨터로 결정하
> 자.

삼성컴퓨터가 많이 팔린다는 사실을 근거로 서버도 삼성에서 구
입해야 한다는 주장은 대중에 호소하는 오류이다. 컴퓨터를 많이
판 것은 제품이 좋아서가 아니라 높은 인지도나 상시 할인 같은 품
질 외적인 요소 때문일 수 있다. 실제로 삼성전자는 2008년 말에
PC와 노트북만 남겨놓고 서버 사업에서 조용히 철수했다.

감정에 호소하는 오류 °

　어떤 주장을 하면서 동정심, 공포 등을 불러일으켜 주장을 정당
화하려는 경우를 가리키는 오류이다. 주장을 정당화할 근거가 궁
색한 경우에 많이 저지른다.

> (변호사) 피고는 어릴 적부터 불우한 환경에서 자랐으므로 무죄입니다.

피고가 무죄라고 주장하려면 피고 행위가 범죄 구성 요건에 해당하는지, 위법성과 책임성이 있는지 살펴서, 무죄를 증명할 수 있는 증언이나 증거를 내놓아야 한다. 피고가 불우한 환경에서 자랐다는 사실은 피고가 무죄라는 주장과 관련이 없다. 동정심이라는 감정에 호소하는 오류이다.

> (거리 전도사) 예수 천당, 불신 지옥

'예수 천당, 불신 지옥'은 예수를 믿으면 천당에 가고, 믿지 않으면 지옥에 간다는 뜻의 성어이다. 성어 사전에 등재는 안 되었지만 대한민국 국민치고 모르는 사람이 없다. 이 논증은 예수를 믿지 않으면 지옥에 떨어질 거라는 공포심에 호소하는 오류이다.

몸에 이런 문구를 붙이고 노방 전도하는 분이 가끔 있다. 아는 것을 실천하기 위해 '귀하는 논리학의 관련성 오류 중에서, 감정에 호소하는 오류를 범하고 있다'고 알려줘야 하나? 아니면 '논리 천당, 오류 지옥'이라고 맞불을 놓아야 할까? 그럴 필요 없다. 그냥 그분의 신념에 충실하도록 놔둬야 한다. 종교와 취향은 논쟁거리가 아니다.

> 연봉을 두 배 올려 줘야 한다. 나는 전세를 살고 부양할 아이가 셋이나 있
> 기 때문이다.

연봉 협상할 때 이런 식으로 주장하는 사원이 있다. 감정(동정심)에 호소하는 오류이다. 어떤 사장도 부양 가족이 많다는 이유로 월급을 올려 주지 않는다. 월급을 많이 받으려면 매출목표를 초과 달성하거나 동료나 팀의 실적 향상에 확실히 기여하는 등 가시적인 성과를 보여줘야 한다. 단, 패밀리는 예외.

허수아비 공격의 오류 °

상대방 주장을 왜곡하거나 원래 주장보다 약하게 만든 후 반박하는 경우를 가리키는 오류이다. 진짜 사람보다 공격하기 쉬운 허수아비를 만들어 놓고 공격한다고 하여 이런 재미있는 이름이 붙었다. 안보나 경제 분야의 토론회나 신문 사설을 보면 이런 허수아비를 만들어 공격하는 모습을 많이 볼 수 있다.

> (군복무한 남성) 여성부를 없애야 한다. 공무원 시험에서 군복무자 가산
> 점 제도를 폐지했기 때문이다.

군복무 가산점 제도는 헌법재판소의 위헌 판결로 폐지되었는데 여성부가 폐지했다고 왜곡한 후 여성부를 공격한 전형적인 허수아비 공격의 오류이다. 헌재 판결을 반박하려면 법적인 지식과 소양이 있어야 하는데, 그런 능력이 없으니 제 딴에는 만만한 여성부를 허수아비로 삼아 공격했다.

종로에서 뺨 맞고 한강에서 눈 흘기는 이런 심리 상태를 프로이트는 '전위'라는 방어기제로 설명했다. 쉽게 말해 찌질이다.

> (경제신문 사설) 비리 혐의로 재벌 총수를 구속하는 것은 말이 안 된다. 경제 살리기를 포기하자는 거냐?

　비리가 명백하여 구속된 재벌 총수를 풀어주자는 주장을 언론사로서는 차마 할 수 없으니, 재벌 총수 구속은 경제 살리기 포기라고 왜곡한 후 공격한 허수아비 공격의 오류이다. 경제 살리기는 국민의 지지를 쉽게 받을 수 있기 때문이다.

　한국의 주요 언론사는 기업이 주는 광고에 크게 의존하고 있다. 기자들은 기업에 비판적이거나 불리한 기사는 거의 쓰지 않는다. 분식회계, 일감 몰아주기 등 비리를 은폐하거나 총수 일가의 전횡을 눈감아 주기도 한다. 이런 사악한 사설에 속지 않도록 비판적 시각으로 신문을 읽어야 한다.

> (진보 세력) 국가보안법은 인권을 침해하므로 폐지하자.
>
> (보수 세력) 국가보안법 폐지 주장은 공산주의를 수용하자는 얘기와 같다. 공산주의가 인류에게 얼마나 큰 해악을 끼쳤는지 모르는가?

인권 침해적 요소가 있는 국가보안법을 폐지하자는 주장은 반박하기 어려우니 국가보안법 폐지는 공산주의 수용이라고 왜곡한 후 공격했다. 허수아비 공격의 오류이다.

우물에 독 푸는 오류(원천 봉쇄 오류) °

어떤 주장을 하고 나서 상대방이 반론조차 하지 못하게 원천 봉쇄하는 경우를 가리키는 오류이다. 우물물을 아예 마시지 못하게 독을 푸는 경우와 같다고 하여 이런 재미있는 이름이 붙었다.

반론을 차단하고 비판을 외면하면 의사결정이 왜곡된다. 리더는 마음이 불편해도 쓴소리에 귀를 기울이고 자기 주장이 독단이 아닌지 경계해야 한다. 반론과 비판을 겸허하게 받아들일 때 소통이 활발해지고 혁신이 일어난다. 반론과 비판은 원천 개방해야 한다.

조직에 존재하는 '문고리 3인방'과 같은 부류는 충신의 탈을 쓴 간신이다. 이순신을 모함한 원균이다. 이들은 상사의 눈과 귀를 막는 특별한 재주가 있다. 조직이 중병에 걸려도 은폐와 조작으로 상사를 안심시킨다. 이런 간신배에 속아 조직이 망가진 사례는 헤아릴 수 없다.

문고리 3인방을 없애고 싶은가? 문을 활짝 열어 놓아라. 누구나 들어와서 의견을 말할 수 있게 하라. 집무실을 측근만 들어오는 밀실로 만들면 문고리 3인방이 독버섯처럼 돋아날 것이다.

낙태가 살인이라고 비난하는 남성이 있다. 임신을 해 보지도 않은 남성이 낙태에 대해서 무엇을 아는가? 임신을 해 보지 않은 남성은 낙태를 반대할 자격이 없다.

임신 경험과 관계없이 남녀노소 누구든지 자유롭게 낙태를 말할 수 있어야 사회적 합의에 도달할 수 있다. 남성이라는 이유로 의견을 제시할 자격을 박탈한다면 우물에 독을 풀어 누구도 마실 수 없게 한 행위와 같다. 우물에 독을 풀면 주민 모두가 해를 입는다.

천안함이 좌초되었다고 말하는 사람이 있다. 대한민국을 사랑하는 국민은 정부 발표를 믿어야 한다. 이런 사람은 대한민국에 살 자격이 없다. 북한에 가서 살아라.

천안함이 폭침인지 좌초인지 아니면 제3의 원인으로 침몰한지는 철저히 과학적인 증거로 판단해야 한다. 천안함 좌초설을 주장하는 사람에게 그 근거가 합당한지 따져보지 않고, 북한에 가라고 저주하는 것은, 진실을 밝히는 공론의 장에 접근하지 못하게 원천 봉쇄하는 행위이다. 정부 발표는 진실이니 무조건 믿으라고 강요하면 권력의 독선과 은폐를 부추기므로 정부에게도 도움이 되지 않는다. 절대 권력은 절대 부패한다.

연습 문제와 정답

1. 다음 진술에서 가는 나의 근거가 될 수 있는가?

① (가) 여자는 수다 떠는 것을 즐긴다. (나) 여자는 남자보다 쇼핑을 좋아한다.

② (가) 기후는 아직 인간의 능력으로 정확히 예측할 수 없다. (나) 인간은 타인의 행동을 예측할 수 없다.

 answer

① 조금도 근거가 되지 못한다. '여자는 수다 떠는 것을 즐긴다'는 사실과 '여자는 남자보다 쇼핑을 좋아한다'는 관찰은 전혀 관계가 없다.

진화심리학자에 따르면 인류는 200만 년 동안 초원 지대에서 살면서, 남성은 주로 수렵을 하고 여성은 주로 채집을 했다. 아직도 수렵 본능이 남아 있는 남성은 캠핑을 가고, 채집 본능이 남아 있는 여성은 쇼핑을 즐긴다고 한다.

② 기후를 예측할 수 없다고 해서 인간이 다른 사람의 행동을 예측할 수 없는 것은 아니다. 심리학 연구 성과와 빅데이터 분석으로 인간은 타인의 행동을 갈수록 잘 예측하고 있다.

2. 다음 제시문에 어떤 오류가 있는지 말하라.

① 〈낭만닥터〉에서 주연 배우의 연기는 형편없었다. 그는 원래 가수 출신이기 때문이다.

② (화장품 판매원) 이 화장품은 정말 좋아요. 옆집, 뒷집도 쓰니까요.

③ 이명박 대통령은 경제를 살리지 못했기 때문에 그의 대북 정책도 실패했다고 봐야 해.

④ 대한민국 검사들은 누구보다 양심적이다. 밤 늦게까지 일하다 과로사한 검사도 있고 어떤 여 검사는 일 때문에 아기도 가지지 못했다.

⑤ 나는 담배를 즐겨 핀다. 흡연을 금지하자고 하는 사람이 있는데, 이런 자는 남이 재미있어 하는 꼴을 눈 뜨고 못 보는 인간이다.

⑥ 사회 지도층의 병역 기피가 문제가 되고 있는데, 여호와의 증인 교인에게 병역을 면제해주자는 발언은 병역 기피를 조장할 게 틀림없다.

answer

① 사람에 호소하는 오류이다. 강변가요제 출신인 〈낭만닥터〉 주연 배우는 소름 끼칠 정도로 뛰어난 연기를 보여 주었다. 이 작품으로 그 배우는 '2016 SBS 연기대상'에서 대상을 받았다. '차승원은 모델 출신이라 연기가 어색하다'는 논증도 같은 오류이다. 출신은 묻지도 따지지도 말자. 이순재 선생처럼.

② 대중에 호소하는 오류이다. 대중(옆집, 뒷집)이 쓴다는 말에 현혹되어 화장품을 구입하면 피부를 망칠 수 있다.

③ 사람에 호소하는 오류이다. 이명박 대통령이 경제를 살리지 못했다는 사실이 그의 대북 정책까지 실패했다고 주장하는 근거가 될 수 없다. 대북 정책이 실패했다고 주장하려면 북한 핵실험, 금강산 관광 중단 등 남북 관계와 관련된 근거를 제시해야 한다.

④ 감정에 호소하는 오류이다. '검사는 양심적이다'라고 주장하려면 '뇌물을 받지 않았다'거나 '약자의 인권을 보호했다'는 등의 근거를 대야 한다. 2003년 3월, 노무현 대통령과 검사와의 대화에서 대한민국 검사들이 실제 이런 발언을 했다.

공부에서는 둘째가라면 서러워할 검사들이 감정에 호소하는 오류를 몰랐을 리 없다. '검사는 양심적이다'라고 주장할 근거가 궁색했기 때문에 범한 오류일 것이다.

⑤ 허수아비 공격의 오류이다. 흡연 금지는 건강 등의 이유로 주장하는데, 남이 재미있어 하는 꼴을 눈 뜨고 못 보는 인간'이라고 허수아비를 만들어 공격했기 때문이다. 이런 사람 실제 있다. 허수아비는 죄가 없다. 공격하지 말자. 참새 쫓기도 버거워한다.

⑥ 허수아비 공격의 오류이다. 양심적 병역 거부는 병역 기피와 관련이 없다. 여호와의 증인은 종교적 신념 때문에 전쟁에 가담하는 행위를 거부한다. 이런 논증이 오류인지 판단하기 위해서는 여호와의 증인이 믿는 교리, 신념 등을 잘 알아야 한다. 논리적으로 사고하려면 배경지식이 풍부해야 한다.

03 충분성 오류

근거가 주장과 관련이 없다면 주장이 참인지 거짓인지에 영향을 끼치지 못한다. 근거는 주장과 관련이 있어야 한다. 근거가 주장과 관련이 있는 것만으로는 부족하다. 강하게 뒷받침해야 한다. 강하게 뒷받침해야 좋은 논증이다. 근거가 주장을 약하게 뒷받침한다면 설득력이 없다. 이런 경우가 충분성 오류이다.

> 중동 사람은 성격이 극단적이다. 낮에는 기온이 50℃까지 올라가고 밤에는 영하로 떨어지는 극단적인 일교차가 발생하는 지역에 살기 때문이다.

중동이 '일교차가 크다'는 근거는 사실(팩트)이지만 '중동 사람이 극단적이다'는 주장과는 관계가 없거나 아주 약하다. 충분성 오류이다. 인종이나 지역 편견을 가진 사람이 이런 주장을 하는 경우가 있다. 실제로 논설위원 한 분이 이런 주장을 했다(이런 논썰위원이!).

미국 몬태나 주의 브라우닝이라는 마을에서 한 겨울에 새벽 기온이 -48.9℃, 낮 기온은 6.7℃를 기록한 적이 있다고 한다. 일교차가 55.6℃이다. 이 지역 주민도 성격이 극단적일까?

> (모 신문) 대검찰청 범죄 통계에 따르면 강력 범죄 피해자 중에서 89%가 여성이다. 여성 혐오 범죄가 최근 크게 늘고 있다. [12]
>
> '(모 칼럼) 대검찰청 범죄 통계를 보니 살인 범죄의 피해자는 남성이 여성보다 많다. 여성 대 남성 구도로 몰아가는 선동은 그만하라.' [13]

2016년 5월, 강남역 노래방 화장실에서 일어난 묻지 마 살인 사건 이후 강력 범죄의 원인과 현상을 두고 여성 혐오 관점에서 해석하는 보도와 여성 혐오가 아니라고 진단하는 보도가 나왔다.

두 언론이 인용한 2014년 대검찰청 범죄 통계는 강력 범죄를 흉악 범죄와 폭력 범죄로 나누어 집계했다. 같은 강력 범죄이지만 두 범죄의 피해자 남녀 비율은 다르다. 흉악 범죄 피해자 남녀 비율을 보면 남성은 11%이나 여성은 89%로 여성이 압도적으로 높다. 폭력 범죄는 다르다. 남성 66%, 여성 34%로 남성이 더 높다. 살인죄로 국한하면 남자 56%, 여자 44%로 남자가 약간 높다.

<표 제목 ⟨2014년 주요 범죄 피해자 성별 비교⟩>

⟨2014년 주요 범죄 피해자 성별 비교⟩

구분	남자	여자
흉악 범죄 (살인, 강도, 방화, 강간)	11%	89%
폭력 범죄 (폭행, 상해, 협박 등)	66%	34%
살인죄	56%	44%

출처: 대검찰청 자료 재구성

여성 혐오 범죄가 증가한다고 보도한 신문은 흉악 범죄 피해자 통계를 근거로 들었다. 남성 피해자가 더 많다고 주장한 칼럼은 살인죄 피해자 비율을 근거로 제시했다.

범죄, 자살, 아동학대 등 사회 현상은 원인을 정확하게 진단해야 해결할 수 있다. 그런데 두 언론 모두 대검찰청 통계를 면밀히 살펴서 해석하지 않고, 자신의 주장에 부합하는 통계만을 인용했다. 편향된 통계 탓에 근거가 주장을 강하게 뒷받침하지 못하고 있다.

"거짓말에는 세 종류가 있다. 거짓말, 새빨간 거짓말, 그리고 통계." 영국 총리를 지낸 벤저민 디즈레일리가 한 명언이다. 진실만을 보도해야 할 언론이 통계를 이용하여 사실을 왜곡할 때가 있다. 국가 지도자를 선출하거나 경제·복지 정책처럼 공공 자원을 분배하는 의제를 놓고 여론조사를 할 때이다. 언론사도 이해관계가 있기 때문이다.

여론조사는 모집단에서 표본을 추출할 때 표본의 대표성이 부족하지 않은지, 질문이 특정 대답을 유도하지 않는지 등을 잘 살펴보아야 한다.

사회적으로 중요한 의제를 놓고 언론이 실시하는 여론조사를 곧이곧대로 믿으면 안 된다. 콩으로 메주를 쑨다 해도 믿지 않는 불신 풍조도 타파해야 하지만 유력 언론사라고 해서 다 믿는 맹신도 경계해야 한다. 항상 비판적 시각으로 관찰하고 반성적 사고로 돌아봐야 한다일 년간 교회와 사찰 주변에서 5천 명에게 종교를 갖고 있는지 물었다. 80% 이상이 그렇다고 대답했다. 한국인 대다수는 종교를 갖고 있다.

근거가 주장과 관계가 있지만 아주 약하게 뒷받침한다. 설득력이 없는 논증이다. 일 년간 조사한 통계를 근거로 제시하여 과학적으로 보이지만 사기에 가깝다. 교회와 사찰 주변에서 조사하면 당연히 종교를 갖고 있는 사람이 많을 수밖에 없다.

지난 대선에서 자유한국당을 찍으니 자유한국당이 이겼다. 다음 대선에서 나는 민주당을 찍을 거다. 다음 선거는 민주당이 승리한다.

2017년 5월 실시한 19대 대선에서 문재인 후보가 1,342만 표를 얻어 2위와 557만 표 차이로 당선되었다. 2012년 12월 18대 대선에서는 박근혜 후보가 1,580만 표를 얻어 2위와 1백만 표 차이로 당선되었다.

대선이든 총선이든 적극적으로 투표하는 것은 바람직하지만, 자신의 한 표가 선거 결과를 바꿀 수 있다는 근거는 주장을 아주 약하게 뒷받침한다. 과대망상이다. 대선은 반장 선거가 아니다.

무지에 호소하는 오류 °

어떤 진술이 참 또는 거짓임을 모르거나 증명할 수 없다는 점을 이유로, 그 진술이 참 또는 거짓이라고 결론을 내리는 오류이다. 이런 무지에 호소하는 오류는 정치인이 상대 진영을 공격하기 위해 고의로 저지르기도 한다.

> 김경수 지사가 드루킹에게 뇌물을 받고 인사 청탁을 했다는 소문이 있다. 사실이 아니라면 김 지사가 소문 유포자를 검찰에 고발했을 것이고 이 소문은 아직 거짓임이 드러나지 않았다. 고발하지 않았고 아직 거짓이 아니므로 사실이 틀림없다.

김 지사가 뇌물을 받았다는 소문이 거짓으로 밝혀지지 않았다는 이유로 사실이라고 주장했다. 무지에 호소하는 오류이다. 실제 이런 주장을 하는 언론이 있었다. 사회관계망서비스(SNS)에도 이런 주장이 광범위하게 유포되었다.

레드벨벳 아이린이 페미니스트가 아니라는 증거를 대봐, 없지? 그러니까 아이린은 페미니스트야.

아이린이 페미니스트가 아니라는 증거가 없다는 이유로 아이린은 페미니스트라고 주장하는 무지에 호소하는 오류이다.

아이린은 18년 3월에 "최근 『82년생 김지영』을 읽었다"라고 밝혔다. 아이린이 『82년생 김지영』을 언급한 사실을 둘러싸고 일부 네티즌이 '아이린이 페미니스트임을 선언했다'고 주장했다. 일부 팬은 "『82년생 김지영』은 페미니스트 도서이므로, 이 책을 읽은 아이린도 페미니스트다"라고 공격했다. 페미니스트 도서를 읽으면 페미니스트가 된다고? 그럼 『성경』을 읽는 사람은 남성우월주의자인가?

책을 잘 읽지 않는 사람은 어쩌다 읽은 책 한두 권에 영향을 많이 받는다. 책을 많이 읽는 사람은 책 한두 권 때문이 세계관을 바꾸지 않는다. 논리적으로 사고하려면 다양한 관점과 가치관을 담고 있는 책을 많이 읽어야 한다.

> 유령이 존재하지 않는다는 증거는 없다. 고로 유령은 존재한다.

'유령이 존재하지 않는다는 증거가 없다'는 사실이 유령의 존재를 증명하는 것은 아니다. 애니미즘이나 토테미즘을 광범위하게 믿은 고대인과 달리 현대인은 다수가 유령이 없다고 생각한다.

이처럼 다수의 믿음에 반하는 주장을 할 경우에는 주장하는 자가 '유령이 존재한다'는 근거를 제시해야 한다. 이를 논리학에서는 '입증책임의 전환'이라고 한다. 입증책임을 지는 자가 근거를 제시하지 못하면 오류이다.

성급한 일반화의 오류 °

근거로 든 사례의 수가 너무 적어 주장을 믿을 수 없는 경우를 가리키는 오류이다. 극히 적은 부분으로 전체를 판단하는 오류이다. 일반화하기에는 너무 성급하여 이런 명칭이 붙었다.

'아무리 바빠도 바늘허리 매어 쓰지는 못한다'는 우리 속담이 있다. '성급하면 손해 본다(Haste makes waste)'는 영어 속담도 있다. 서둘러 결혼하면 두고두고 후회한다(Marry in haste, repent at leisure)는 격언도 있다.

성급하게 결론지으면 설득력이 떨어진다. 참을성이 늘 유익한 덕목은 아니지만 성급함은 언제나 해로운 기질이다.

> (거래처 대표) 한전 직원 2명과 미팅을 했는데 둘 다 예리했다. 한전 직원은 모두 예리한 게 틀림없다.

2018년 6월 현재, 한전 직원은 2만 명이 넘는다. 단 두 명과 미팅한 후 예리하다고 평가하는 것은 너무 성급하다.

동남아 출신 노동자 몇 명이 제주도에 있는 마트에서 물건을 훔쳤다는 뉴스를 보았다. 동남아인은 모두 도둑놈이다.

동남아 출신 노동자 몇 명이 물건을 훔쳤다고 동남아인이 모두 도둑일 수 없다. 너무나 성급한 일반화이다.

동남아시아와 중국 출신 노동자가 범죄를 많이 저지른다고 생각하는 국민이 있다. 오해다. 2014년 검찰청 범죄 통계를 보면 국내 외국인 범죄자는 2만 8,400명이다. 같은 해 국내 체류 외국인 179만 7,600명의 1.6%에 해당한다. 같은 해 한국인 총 범죄자는 187만 9,500명으로 2014년 우리나라 인구 5,147만 명의 3.7%이다. 외국인 범죄율은 내국인 범죄율의 절반도 되지 않는다.

'개가 사람을 물면 뉴스가 아니지만 사람이 개를 물면 뉴스'라는 말이 있다. 사람이 개를 물어야 뉴스거리가 되기 때문이다. 언론은 한국인이 범죄를 저지르면 보도하지 않아도 외국인이 저지르면 보도한다. 뉴스거리가 되기 때문이다.

2003년 미국 미시간 대학 연구팀은 비행기를 탈 때 사고가 나서 사망할 확률은 자동차 사고의 65분의 1에 불과하다고 발표했다. 하지만 사람들은 대부분 자동차보다 비행기 탑승이 훨씬 위험하다고 생각한다. 비행기 사고는 언론이 크게 보도하기 때문이다.

이런 언론의 속성 탓에 국민은 실제와 다르게 외국인이 범죄를 많이 저지른다고 오해한다. 외국인이 범죄를 많이 저지르니 추방해야 한다고 목소리를 높이는 사람도 있다. 그런 논리에 따르면 추방당해야 할 사람은 대한민국 국민이다.

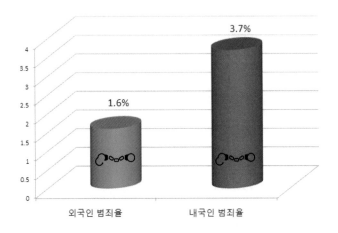

성인이라면 대부분 범하는, 대표적인 '성급한 일반화의 오류'는 결혼이다. 20년쯤 살아본 부부는 다 안다. 지금 알고 있는 배우자의 단점을 진작에 알았다면, 절대 결혼하지 않았을 거라는 사실을. 그렇다고 모든 것을 다 파악할 때까지 연애만 할 수 없다. 결혼은 해도 후회하고, 하지 않아도 후회한다. '결혼 전에는 두 눈을 뜨고 결혼 후에는 한 눈을 감아라.' 『탈무드』에 나오는 금언이다. 이말이 좀 위안이 되려나?

성급한 일반화는 논리적으로 오류이지만 인류가 지식을 획득하고 축적하는 데 크게 기여했다. 인간은 어떤 판단을 할 때 관련된 정보를 모두 수집하고 모두 다 고려할 수 없다. 인지 능력과 정보 수집 능력이 한계가 있어 대개 몇 개의 정보를 근거로 결론을 내린다. 성급한 일반화의 오류를 범할 수밖에 없다. 자신이 내린 결론이 진리나 상식이 아니고 가설이며 오류일 수 있다는 인식을 갖고, 검증하고 수정하면서 새로운 가설을 세워 나갈 때, 더 정확하게 의사를 결정할 수 있다.

편향된 통계의 오류 °

근거로 든 사례가 적지 않지만, 다양하지 못하고 편중되어 주장을 믿을 수 없는 경우를 가리키는 오류이다. 대표성이 부족한 일부를 근거로 주장을 할 때 생길 수 있다.

> (개미 투자자)국내 31개 증권사의 88%가 상장사 주식을 매수하라는 의견을 냈다. 지금은 주식을 사야 할 때다.

증권사는 속성상 상장사 주식을 매수하라는 의견을 낼 수밖에 없다. 기관의 기업 투자 중개나 기업 상장 등을 통해 수익을 얻는 구조이기 때문이다. 증권사는 낙관적인 추정치를 발표하여 일감과 수수료 증가에 기여한 애널리스트에게 후하게 보상한다. 비관적인 내용을 쓰면 해당 기업은 애널리스트 출입을 거부하고, 주식을 보유한 기관이나 일반 투자자는 소송을 걸겠다고 협박하기도 한다.

금융정보업체 에프앤가이드에 따르면 2017년에 국내 증권사가 낸 기업 분석 리포트는 총 1만 7,380건이다. 이 중에서 매도 의견은 13건(0.07%)에 그쳤다. 반면 매수 의견은 1만 4,392건으로 전체의 83%에 달했다.

이런 매수 일색의 리포트는 외국인이나 기관에 비해 정보가 부족한 개미들에게 큰 타격을 줄 수 있다. 증권사 매수 의견만으로 주식을 사야 한다고 주장하는 것은 편향된 통계의 오류이다.

"영국 프로축구팀 아스널과 스완지가 경기하면, 100명 중 95명이 아스널에 베팅한다. 강팀이기 때문이다. 아스널이 이겨도 많은 사람이 베팅했기 때문에 배당률이 떨어진다. 스완지가 이기면 5명은 많은 돈을 챙길 수 있다. 사람들은 대부분 두 팀의 실력 차이를 면밀히 분석하지 않는다. 아스널이 강팀이니까 이길 거라고 생각한다. 정말 아스널이 강한지, 다른 변수는 없는지 고려하지 않는다. 쏠림 현상이 나타나고 논리가 감성에 밀려 올바른 판단을 못 한다. 주식 투자도 마찬가지다. 철저하게 논리적으로 생각해야 한다."[14] 주식투자 고수, 김봉수 카이스트 교수의 말이다. 주식도 논리적으로 해야 돈을 벌 수 있다.

대선 후보 지지도 조사를 하면서 집 전화 사용자에게만 전화를 걸어 조사하거나 핸드폰 사용자만 조사하는 경우

집 전화 사용자는 보수 후보를 지지하는 노인이 많고, 핸드폰 사용자는 진보 후보를 지지하는 젊은이가 많다. 모집단인 전체 유권자의 연령 비율에 맞춰 표본을 선정하지 않고, 특정 후보에게 유리한 연령층을 골라 조사한다면 단지 편향된 통계의 오류에 그치지 않는다. 명백한 사기다.

BTS 홈페이지를 방문한 사람으로만 한정하여 연예인 인기를 조사하는 경우

　방탄소년단 홈페이지를 방문한 사람은 대개 방탄소년단 팬일 가능성이 높다. 이런 네티즌을 대상으로 연예인 인기를 조사하면 당연히 방탄소년단이 상위권을 차지할 것이다. 이런 편향된 통계를 이용하여 마케팅을 하는 장사꾼을 조심해야 한다.

대기업 총수 100명 중 90명이 노조가 강성이라 사업하기 힘들다고 답했다. 경제가 성장하려면 노조를 없애야 한다.

노조가 없으면 기업에 유리하기 때문에 대기업 총수는 내심으로 우리나라 노조가 선진국에 비하면 약하다고 생각해도, 겉으로는 노조를 규제하라고 목소리를 높인다. 이런 사람들로만 여론조사를 하면 결과는 뻔하다. 편향된 통계의 오류이다. 오류라는 것을 알면서도 대기업 총수의 말을 그대로 받아쓰는 언론사도 많다.

사실 우리나라 노조는 선진국에 비해 힘이 약하다. 고용노동부의 '2016년 전국 노동조합 조직현황'에 따르면 노조 조직 대상 근로자 1,917만 명 중에서 노조 조합원은 196만 명으로 노조 조직률이 10%에 그친다. 주요 선진국의 노조 조직률은 영국(23.5%), 일본(17.3%), 독일(17%), 호주(14.5%), 미국(10.7%) 순이다.

> 제주도는 2011년 세계 7대 자연경관으로 선정되었다. 제주도는 세계적인 관광지다.

제주도가 세계적인 관광지라는 주장에 동의해도 근거가 세계 7대 자연경관으로 선정되었기 때문이라면 편향된 통계의 오류다.

세계 7대 자연경관은 스위스의 뉴세븐원더스(New Seven Wonders) 재단이 2010~2011에 인터넷과 전화 투표 방식으로 선정했다. 선정 당시 제주도 공무원들이 종일 전화기를 붙잡고 투표하는 진풍경이 벌어졌다. 점심 먹기 전 전화를 돌려 투표하고, 점심 먹고 돌아오면 또 전화를 돌렸다. 출근하면 바로 전화기를 붙잡았고, 퇴근하기 전에도 전화를 돌렸다. 이명박 대통령도 투표에 참여했고, 김황식 국무총리도 정부 차원의 참여와 지원을 강조하는 등 전국적으로 투표 바람이 일었다. 이때 제주도 공무원이 행정 전화로 투표하면서 사용한 전화 요금만 211억 원이다.

선정 주관사인 뉴세븐원더스에 대한 논란도 끊이지 않았다. 뉴세븐원더스는 비용이 들지 않는 인터넷 투표는 한 사람당 1번으로 제한하고, 전화 투표는 무제한으로 허용했기 때문이다. 제주도가 공신력 없는 외국 단체의 상업적 전략에 놀아났다는 지적이 나왔다.[15]

인터넷에서 세계 7대 불가사의, 세계 7대 건축물, 세계 7대 오지 관광지 같은 정보를 쉽게 찾아 볼 수 있다. 세계 7대 불가사의는 누가 선정하며 선정 기준은 무엇인가? 이것이 세계 8번째 불가사의라는 말이 있다.

잘못된 유비의 오류 °

여러 가지 사물이나 상황을 비교하여 유사성을 토대로 주장을 이끌어낼 경우, 비교 대상이 서로 비슷하지 않은데도, 비슷하다고 간주하여 발생하는 오류이다.

유비는 '부자가 천국 가는 것은 낙타가 바늘 구멍 통과하는 것보다 어렵다'는 표현처럼 '잘 알고 있는 현상이 가지고 있는 특징(낙타가 바늘 구멍 통과하는 것)을 이용하여 다른 현상의 특징(부자가 천국가는 것)을 설명하는 일'이다. 직접 설명하지 않고 다른 비슷한 현상이나 사물에 빗대어 설명하는 일이다. 흔히 비유라고 한다.

비유는 힘이 세다. 적절하게 사용하면 추상적이고, 모호하고, 복잡한 현상을 구체적이고, 명료하며, 단순하게 표현할 수 있기 때문이다.

예수는 비유 천재였다. 천국을 '채소밭에 갖다 심은 겨자씨 한 알(누가복음 13장 19절)'과 '여자가 가루 서 말 속에 갖다 넣어 전부 부풀게 한 누룩(누가복음 13장 21절)'으로 비유했다. 겨자씨나 누룩처럼 누구나 쉽게 알아들을 수 있는 언어로 민중과 소통했다.

스티브 잡스도 비유를 잘 활용했다. "롤모델은 바로 비틀즈다.

네 명으로 이뤄진 비틀즈는 각자 다른 성향을 유지하려 했다. 하지만 서로 균형을 잘 맞췄기 때문에 비틀즈는 개인을 합쳐놓은 것보다 훨씬 위대했다. 이게 바로 내가 사업을 보는 관점이다. 사업에서 위대한 일은 결코 한 사람에 의해 이뤄지지 않는다. 위대한 일을 이루는 것은 바로 팀이다."[16]라고 밝히며 애플이 사업 파트너와 잘 소통하고 협력함으로써 성공했다는 점을 비틀즈에 빗대어 표현했다.

유비를 이용한 논증이 유비 논증이다. 동물실험은 대표적인 유비 논증이다. 동물실험은 새로 개발한 의약품이나 화학물질, 식품 등을 인간에 적용하기 전에 그 안전성과 효과를 동물을 통해 확인한다. 제약, 화장품, 식품 기업이 많이 한다. 원숭이는 최고의 동물실험 대상이다. 유전자가 인간과 95% 이상 같기 때문이다. 원숭이에게 새로 개발한 약을 투여했을 때 기대한 효과가 나타나면, 인간에게도 같은 효과가 나타날 것으로 추론한다.

어떤 사물이나 현상도 다른 사물이나 현상과 비슷한 점을 두 가지 이상은 가지고 있다.

아인슈타인은 건망증이 심했고 흰머리가 있었다고 한다. 전두환도 건망증이 심하고 흰머리가 있다. 건망증과 흰머리라는 공통점이 있다고 하여 전두환이 천재이거나 물리학자일 거라고 주장할 수는 없다. 아인슈타인은 물리학자이자 반핵 운동을 펼친 평화주

의자이고, 전두환은 물리력을 동원하여 권력을 찬탈한 독재자이
다.

유비 논증은 비교 대상이 공유하는 유사성이 얼마나 본질적이
고 중요하느냐에 따라 설득력이 달라진다.

> 심장이 멈추면 사람은 죽는다. 국가의 심장은 대통령이다. 대통령이 없으
> 면 국가는 망한다.

심장이 멈추면 사람은 죽는다는 첫째 근거는 참이다. 둘째 근거는 대통령을 국가의 심장으로 비유했다. 신체 기관의 기능과 국가 조직의 운영 원리는 유사성이 적다. 신체 기관은 밀접하게 연결되어 있어 한 기관이 멈추면 모든 기관이 멈출 수 있다. 국가 기관은 그렇지 않다. 청와대가 멈춰도 다른 국가 기관은 잘 돌아갈 수 있다. 잘못된 유비의 오류다. 대통령이 없어도 대한민국은 여전히 잘 돌아간다는 사실을 박근혜 대통령 탄핵 후에 우리 국민은 모두 경험했다.

> 우리 아들은 서울대를 다니므로 졸업하고 기업을 경영하면 아주 잘 할 거다.

'공부하는 머리와 돈 버는 머리가 다르다'라는 말이 있다. 유사성이 적다는 뜻이다. 학교 다닐 때 공부 잘했다고 기업 경영도 잘할 거라는 주장은 잘못된 유비의 오류이다.

2017년 10월, 법원행정처 자료에 따르면 고법 부장판사 이상 법관 179명 중 141명(79%)이 서울대를 나왔다. 2017년 8월 현재, 문재인 정부의 장차관급 관료 중에 서울대 출신은 47%(54명)이다.[17] 반면 18년 8월, CEO스코어가 국내 500대 기업 중에 출신 학교를 공개한 341개 사의 CEO 464명을 분석한 결과, 서울대 출신은 23.5%(104명)에 그쳤다.[18]

고위 법관은 5분의 4, 장차관은 2분의 1이 서울대를 나왔지만, 대기업 CEO는 그렇지 않았다. 기업을 잘 경영하기 위해서는 좋은 두뇌도 필요하지만, 미래를 내다보는 안목, 불확실성을 참고 견디는 인내력, 전략적 사고, 변화 추구 성향, 소통 능력, 열정, 신뢰, 겸손이 필수적이다. 몸이 튼튼해야 하고 행운도 따라 줘야 한다. 경영을 종합 예술이라고 하는 이유다.

사족 하나. 서울대 나온 사람이 경영도 잘하고 돈도 잘 번다면 세상이 너무 불공평하지 않은가? 이런 주장은 계속 '잘못된 유비의 오류'로 남아야 한다.

> 이명박 후보는 37살에 현대건설 사장이 된 유능한 기업가이다. 그는 좋은
> 대통령이 될 것이다.

　기업과 국가의 목적은 다르다. 기업은 주주의 이익 극대화를 추구하지만, 국가는 다수의 행복 증진을 지향한다. 유사성이 적다.

　몇 년 전 유능한 기업인 출신이라서 뽑은 CEO 대통령의 능력을 우리 국민은 똑똑히 지켜보았다. 이명박 후보는 유능한 CEO였지만 대통령이 되자 본인도 국민도 모두 불행했다(친이계 빼고). 앞으로 이런 잘못된 유비의 오류를 범하지 않아야 한다. 논리적인 국민이라야 행복할 수 있다.

> 간은 담즙을, 위장은 소화액을 분비하듯이 뇌는 생각을 분비한다.

뇌도 간이나 위장처럼 신체 기관이지만 기능은 다르다. 분비물에 한정하더라도 유사성이 적다. 뇌는 도파민이나 페닐에틸아민, 세르토닌 같은 신경전달물질은 분비해도 생각은 분비할 수 없다. 잘못된 유비의 오류이다.

사랑에 빠진 사람을 가리켜 '콩깍지가 씌었다'고 한다. 평범한 사람도 내 눈엔 특별해 보이고, 단점도 크게 문제 되지 않는다. 보고 있는데도 그렇고, 먼 길을 달려서 연인을 보러 가기도 한다. 페닐에틸아민(phenylethylamine)이라는 신경전달물질 때문이다. 페닐에틸아민 농도가 상승하면 이성이 마비된다. 연인만 생각하면 기분이 좋아진다. 인지 능력에도 영향을 끼쳐 천연 각성제라고 부르기도 한다. 많이 분비되면 기분은 좋지만, 논리에는 해롭다. 이 성분은 초콜릿에 많이 들어있다. 그래서 연인이 초콜릿을 주고받는다. 연인이나 부부는 논리 영역에만 머물러서는 안 된다. 서로 이해하고 양해하고 묵인하고 용서하고 포용해야 한다. 비교하고 비판하고 의심하고 분석하고 평가해서는 안 된다. 연인을 설득하기 위해서는 근거를 들이대고 주장하기보다 진심을 보여줘야 한다.

> (노회찬 의원) 50년 동안 썩은 판을 이제 갈아야 합니다. 50년 동안 똑같은 판에다 삼겹살을 구워 먹으면 고기가 시커메집니다. 판을 갈 때가 왔습니다.

보수 정당끼리만 정권을 주고받는 정치 현실이 노회찬 의원에게는 고기를 시꺼멓게 만드는 삼겹살 판으로 보였을 것이다. 정체되어 더 이상 희망을 못 주는 정치판과 시꺼먼 삼겹살 판은 갈아야 한다는 점에서 유사하다. 이 논증은 보수주의자한테는 잘못된 유비의 오류이지만 진보주의자에게는 설득력 있는 논증이다.

위험한 비탈길 오류(도미노 오류) °

원인과 결과 사이에 거리가 멀어, 중간에 얼마든지 결과가 발생하지 않도록 막을 수 있는데도, 미끄럼틀처럼 그대로 결과로 이어진다고 생각하는 경우를 가리키는 오류이다. 첫 번째 말을 넘어뜨리면 전체 말이 전부 쓰러지는 도미노와 비슷하다고 하여 '도미노 오류'라고도 한다. '바늘 도둑이 소 도둑 된다'는 속담처럼 최초 원인으로 한 번 미끄러지면 비탈길 아래까지 계속 미끄러질 수밖에 없다고 생각할 때 발생한다. 흔히 말하는 논리의 비약은 대개 위험한 비탈길 오류이다. '브라질에 있는 나비 한 마리의 날갯짓이 텍사스에서는 돌풍을 일으킬 수 있다'는 나비효과는 기상학적 예외일 뿐이다.

> 오늘 게임만 하면 내일 시험을 망친다. 시험을 망치면 취업을 못 한다. 취업을 못 하면 알코올 중독자가 되어 인생을 망친다.

부모가 게임에 빠진 자식에게 흔히 놓는 엄포이다. 부모 말대로 오늘 게임만 하고 공부를 하지 않으면 내일 시험을 망칠 수 있다. 그러나 시험을 한 번 망쳤다고 취업을 못 하는 건 아니다. 다른 회사 시험 칠 때 분발하면 된다. 취업을 못 해도 반드시 알코올 중독자가 되는 것은 아니다. 창업해서 성공할 수 있고 예체능에 재능이 있다면 유명인이 될 수도 있다. 알코올 중독자가 되었다고 다 인생을 망치는 것도 아니다. 미국 부시 대통령은 40세 전까지만 해도 알코올 중독자였다. 가수 Y 씨도 밤마다 위스키를 마셨지만 지금은 완전히 끊고 활발하게 활동하고 있다.

중요한 시험을 앞두고 게임만 했다면 일단 한 번 미끄러진 것이다. 그렇다고 계속 추락하여 인생을 망치지는 않는다. 비탈길은 낭떠러지가 아니다. 얼마든지 만회할 기회가 있다. 완만한 비탈길은 위험하지 않다.

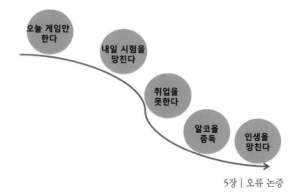

당국의 음란물 단속은 헌법이 보장하는 표현의 자유를 침해하므로 반대한다. 일단 정부가 음란물을 단속하고 나면 신문·잡지를 통제할 것이다. 신문·잡지를 통제한 후에는 학교 강의와 교과서를 검열하고 집회와 시위도 제한할 것이다. 이렇게 되면 민주주의는 크게 퇴보한다.

정부가 의도적으로 표현의 자유를 억압하고자 먼저 음란물 단속에 착수하여 성공한다 해도 신문과 잡지를 통제하기는 쉽지 않다. 기자와 야당과 시민 단체가 반대하기 때문이다. 신문과 잡지를 통제해도 학교 강의와 교과서를 검열하는 단계로 넘어가기 힘들다. 교수와 지식인이 반대하기 때문이다. 학교 강의와 교과서를 검열하는 데 성공해도 집회와 시위까지 제한하는 것은 어렵다. 국제 인권 단체나 비정부기구, 사법부가 반대하기 때문이다.

음란물 단속과 집회·시위의 제한을 양쪽 끝으로 하는 비탈길은 미끄럼 방지턱이 많다. 중간에 얼마든지 멈출 수 있다. 이 논증은 위험한 비탈길 오류이다.

"나치가 공산주의자를 덮쳤을 때, 나는 침묵했다. 공산주의자가 아니었기 때문이다. 그들이 사회민주당원을 가두었을 때 나는 침묵했다. 사회민주당원이 아니었기 때문이다. 그들이 노동조합원을 덮쳤을 때, 나는 침묵했다. 노동조합원이 아니었기 때문이다. 그들

이 나에게 닥쳤을 때, 나를 위해 말해 줄 이들이 아무도 남아 있지 않았다.[19]

　나치의 유대인 학살에 항거하다 체포되어 8년 동안 옥고를 치른 마틴 니묄러 목사의 시 '그들이 내게 왔다'이다. 나치 정권하의 독일처럼 자유가 억압된 시대라면 이 논증은 오류가 아니다.

도박사 오류 °

사건이 상호 독립적으로 일어나기 때문에 서로 영향을 미치지 않는데도, 한 사건이 발생할 확률이 다른 사건이 발생할 확률에 영향을 준다고 기대하는 경우를 가리키는 오류다.

동전을 던졌는데 3번 연속 앞면이 나오면 사람들은 이제 뒷면이 나올 차례라고 기대한다. 동전을 1,000번 던지면 앞면과 뒷면이 나오는 비율은 거의 비슷하다. 하지만 1,000번이나 던지다 보면 4번 연속 앞면이 나오는 경우는 얼마든지 가능하다. 3번 연속 앞면이 나왔다고 4번째에 뒷면이 나올 확률이 높아지지 않는다. 확률은 여전히 2분의 1이다.

도박사들이 이미 일어난 사건과 뒤에 일어날 사건은 서로 독립되어 있다는 확률 이론을 받아들이지 않았다 하여 '도박사의 오류'라는 이름이 붙었다. 도박사는 노름을 직업으로 삼는 사람이다. 노름만 하다 보면 판단이 흐려진다. 노름으로 돈 벌었다는 사람을 아직 한 명도 못 봤다(도박 중독은 1336으로).

추리소설의 창시자, 에드거 앨런 포는 주사위 게임에서 2가 연속 다섯 번 나왔다면 여섯 번째는 2가 나올 확률이 6분이 1보다 낮다고 주장했다. 문학 하는 사람이 왜 숫자에 약한지 이제 추리할 수 있겠다.

> 딸만 연속 넷을 낳았다. 이번에는 틀림없이 아들이다.

네 번 연속 딸을 낳았다고 해도 다섯 번째에 아들 낳을 확률은 변함없이 2분의 1이다. 도박사의 오류이다.

'상황을 잘못 판단한 후 취한 행동이 처음의 그릇된 판단을 현실화하는 현상'을 '자기실현적 예언'이라고 한다. 이러한 예언이 들어맞을 때도 있다. 아들을 낳을 거라고 확신했는데 실제 아들을 낳는 경우이다. 우연일 뿐이다. 사례를 많이 수집하면 반대의 경우도 50%라는 사실을 알게 된다.

소망과 가능성은 구분해야 한다. 간절히 빌어도 실현 가능성이 높아지지 않는다. "간절하게 원하면 온 우주가 나서서 도와준다"라는 말은 소설(파울로 코엘료의 『연금술사』)에서나 실현할 수 있다. 자신이 조각한 여성상을 진심으로 사랑하게 되었는데, 이를 지켜본 미의 여신 아프로디테가 소원을 들어주어 조각상을 인간으로 만들었다는 피그말리온 이야기는 그리스 신화에서나 일어날 수 있다. 현실에서는 일어날 수 없다.

로또를 2년간 매주 샀는데 계속 꽝이었다. 이번 주는 당첨이다.

1부터 45까지의 수 중에서 6개의 서로 다른 수를 고르는 방식으로 추첨하는 로또의 1등 당첨 확률은 814만분의 1이다. 로또를 매주 2년간 샀다면 100번 이상 산 셈이다. 100번 모두 꽝이었다 해도 101번째에 당첨될 확률은 여전히 814만분의 1이다. 조금도 높아지지 않는다. 도박사의 오류이다. 이전에 발생한 로또 낙첨은 앞으로 할 로또 추첨에 전혀 영향을 주지 않기 때문이다.

로또 1등을 포함하여 모든 조합의 번호를 다 써서 모든 상금을 타려면 814만 장을 사야 한다. 1장당 1,000원이므로 80억 원이 필요하다. 로또는 복권의 수가 일정하지 않으므로 총상금을 복권 판매액의 50%로 정해 놓았다. 천 원짜리 로또의 기대값은 50%인 500원이다. 모든 상금을 타도 본인한테 돌아오는 돈은 40억 원이다. 사는 순간 40억 원을 밑진다. 그래서 숫자에 밝은 사람은 절대 로또를 사지 않는다. 손해 보는 게 눈에 보이기 때문이다.[20]

> (아나운서) 두산 양의지 선수는 3할대 타자입니다. 앞선 타석 3번 모두 범타로 물러났으니 이제 큰 거 한 방 나올 차례입니다. 투수는 조심해야 합니다.

3할대 타자는 3타석마다 안타를 친다는 의미가 아니다. 평균 타율이 3할이라는 의미다. 연속하여 삼진을 먹을 수 있고 3연타석 홈런을 칠 수도 있다. 도박사의 오류이다.

이 멘트가 얼마나 우스운지는 반대로 생각해 보면 된다. '양의지 선수는 앞선 타석 3번 모두 안타를 쳤으니 이제 삼진을 당할 차례입니다. 투수는 대충 던져도 됩니다.'

> (의사) 이 수술의 성공 확률은 10%이다. 지금까지 내가 한 수술 9번은 모두 실패하여 환자가 죽었다. 이번에는 확률상 성공하므로 당신은 살 수 있다.

9번 모두 실패했어도 10번째에서 수술이 성공할 확률은 여전히 10%이다. 도박사의 오류다. 이 의사가 수술한 첫 번째 환자가 살았다고 가정해 보자. 의사의 말이 사실이라면 차례를 기다리는 환자 9명은 수술을 거부해야 한다. 죽을 확률이 100%이기 때문이다.

선후 관계와 인과 관계를 혼동하는 오류 °

어떤 두 사건이 인과 관계라면 원인이 된 사건이 먼저 일어난다. 교통사고로 길이 막혔다면 당연히 교통사고가 먼저 일어난다. '발열 때문에 얼굴에 붉은 반점이 생겼다'면 먼저 열이 나고 붉은 반점은 나중에 생긴다. 열과 붉은 반점은 시간적으로 선후 관계이다.

두 사건이 시간적인 선후 관계가 있어도 항상 앞선 것은 원인이고, 뒤의 것은 결과라고 볼 수 없다. 인과 관계는 시간적으로 밀접하게 연결된 두 사건이 단순하게 앞뒤로 발생하지 않고 필연적으로 연결된 관계이다. 두 사건이 앞뒤로 발생했다는 이유로 인과 관계가 없는데도 인과 관계가 있다고 혼동하는 경우가 '선후 관계와 인과 관계를 혼동하는 오류'이다.

'까마귀 날자 배 떨어진다'는 속담이 대표적인 '선후 관계와 인과 관계를 혼동한 오류'다. 까마귀가 날 때 우연히 배가 떨어졌지 까마귀 탓에 배가 떨어지지 않았다. 과수원 주인은 까마귀가 밉겠지만, 까마귀는 죄가 없다.

우연의 일치나 미신, 징크스는 대개 이 오류에 해당한다. 선후 관계는 있고 인과 관계는 없는데, 인과 관계가 있다고 착각하는 경우이다.

> 내가 카페에 갔는데 갑자기 손님이 많아지더라. 다 내가 손님을 몰고 온
> 거야.

카페에 갔는데 오늘따라 공교롭게 모르는 손님이 잔뜩 들어온 거다. 자기는 손님보다 조금 먼저 왔을 뿐이다. 우연의 일치다. 선후 관계와 인과 관계를 혼동하는 오류인데도 자기 덕분에 손님이 늘었다고 주인에게 서비스를 요구하는 사람이 있다. 오류를 증명하는 방법이 있다. 이 사람이 다른 카페에 가보면 된다. 따라가는 손님이 없을 것이다. 인과 관계는 확실히 없다.

발달심리학에서는 '전환적 추론'이라고 한다. '동생을 미워했더니 동생이 배가 아프기 시작했다. 동생이 배가 아픈 것은 내가 미워했기 때문이다.'처럼 시간적으로 밀접하지만 인과 관계가 아닌데, 인과 관계가 있다고 오해하는 것이 전환적 추론이다.

우리 아들이 명문 대학에 합격한 것은 조상을 잘 모셨기 때문이지.

　미신을 인과 관계라고 생각하는 '선후 관계와 인과 관계를 혼동한 오류'다. 조상을 잘 모셔서 아들이 명문대학에 합격한 게 아니다. 부모 지능이 높고, 아이가 공부에 전념하도록 경제적으로 뒷받침하고, 독서와 탐구를 권장하는 가풍 덕분에 명문대에 합격했다.

　'우리 아이가 머리는 좋은데 통 노력을 안 해서 공부를 못한다'고 말하는 부모가 있다. 근거가 희박하다. 부모 머리가 나쁘면 슬프지만, 자식도 대개 머리가 나쁘다. '왕대밭에 왕대 나고 쑥대밭에 쑥대 난다'고 했다. 부모가 가난하면 아이는 학원에 다닐 수 없다. 부모가 유흥을 즐기면 아이도 노는 쪽으로 발달한다. 아이가 공부를 못하는 원인은 대부분 부모에게 있다. 묏자리 잘 쓰고 상다리가 휘어지도록 제사상을 차려도 아이가 공부 잘할 가능성은 적다.

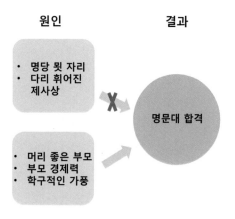

> 류현진 선수는 등판 전에 수염을 깍지 않는대, 수염을 깎으면 홈런을 맞는대.

　징크스를 인과 관계로 착각했다. 수염과 홈런이 인과 관계가 있다면 '수염이 길수록 피홈런율은 낮아진다'는 황당한 결론이 나온다.

> 소주에 고춧가루를 넣어 마셨더니 감기가 나았다. 너도 감기 나으려면 소주에 고춧가루 넣어 마셔라.

　우연의 일치를 인과 관계로 착각했다. 면역력이 회복되어 감기가 나을 무렵에 고춧가루 넣은 소주를 마셨을 뿐이다. 이를 인과 관계가 있다고 믿고 고춧가루 많이 먹으면 속만 버린다.
　감기 걸리면 비타민C가 풍부한 귤이나 사포닌을 많이 함유한 도라지, 피를 맑게 해주고 몸을 따뜻하게 해주는 부추, 기관지에 좋은 배를 먹어야 논리적이다.

원인과 결과를 혼동하는 오류 °

어떤 결과는 그와 연결된 원인이 있으므로 발생했는데, 결과가 보여주는 행태만 보고 그 행태를 원인으로 착각하는 오류다. 어떤 재벌 2세가 에르메스 버킨백 들고 포르쉐 마칸 타는 것을 보고, 나도 에르메스 가방 들고, 포르쉐 타면 재벌 2세가 될 것이라고 생각하는 오류이다.

부모가 돈을 많이 줘서 재벌 2세는 돈을 펑펑 썼다. 부모가 돈을 많이 준 것이 원인이고 재벌 2세가 돈을 펑펑 쓴 것이 결과이다. 에르메스와 포르쉐는 재벌 2세의 과시적 소비라는 결과가 보여주는 여러 행태 중의 하나이다. 포르쉐와 에르메스가 원인이고 재벌 2세가 결과가 아니다. 서민의 아들딸이 돈을 펑펑 쓰면 거지 되기 십상이다.

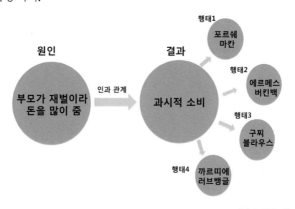

> LPGA 골프 대회에서 우승하면 연못으로 다이빙하더군. 나도 우승하려면 연못에 다이빙해야 해.

열심히 연습하거나 좋은 코치를 만나 과학적으로 훈련했기 때문에 LPGA 골프 대회에서 우승했다. 다이빙은 우승이라는 결과가 보여 주는 여러 행태 중의 하나이다. 결과가 보여주는 행태를 원인으로 착각했다.

> (옆집 욕쟁이 할머니 식당에 손님이 몰리는 것을 보고) 우리 식당도 욕 잘하는 할머니를 알바로 써서 손님에게 욕을 하면 장사가 잘될 거야.

욕쟁이 할머니 식당은 음식이 맛이 있어 손님이 몰리게 되었다. 맛집이라는 사실보다 악의 없이 욕하는 할머니가 있다는 소문이 퍼지다 보니 욕쟁이 할머니 식당으로 알려졌다. 이 사실을 간과하고 음식은 맛이 없는데 욕을 하면, 욕만 바가지로 먹게 된다.

> 전문직은 월급이 많다. 따라서 큐레이터를 전문직으로 만들려면 월급을
> 대폭 인상해야 한다.

변호사나 의사 같은 전문직 종사자는 전문 지식을 갖고 있고 수가 적기 때문에 월급을 많이 받는다. 월급이 많다는 사실은 전문직 종사자라는 결과가 보여 주는 여러 행태 중의 하나이다. 원인과 결과를 혼동했다.

큐레이터가 전문직이라는 주장은 참일 수 있지만, 월급을 많이 받게 한다고 전문직이 되는 것은 아니다. 학예사 자격증과 예술적인 안목 그리고 비즈니스 감각을 갖추었기 때문에 전문직으로 인정을 받는다. 놀이공원 매표원에게 아무리 월급을 많이 줘도 전문가는 될 수 없다. 전문 지식이나 경험, 직업적 소양이 필요 없는 직종이기 때문이다.

한국의 변호사가 돈을 많이 버는 이유는 수가 적기 때문이다. 건국대 한상희 교수가 지난 2016년 8월, 유럽 48개국을 조사한 자료에 따르면 인구 10만 명당 변호사 수는 독일이 201명, 프랑스는 86명이나 한국은 35명에 불과했다. 조사 대상 중 한국보다 변호사 수가 적은 나라는 보스니아(35명)와 아제르바이잔(9명)뿐이다.

변호사가 턱없이 부족한데도 증원이 힘든 것은 권력 핵심층에 법조인이 많기 때문이다. 국회 법사위의 경우 변호사가 다수를 차

지한다. 이들은 일관되게 변호사 증원 법안을 반대해 왔다. 2017년 12월, 변호사에게 세무사 자격을 자동 부여하는 조항을 삭제하는 세무사법 개정안도 국회 법사위를 건너뛰고 나서야 국회 본회의를 통과했다. 고양이에게 생선을 맡긴 셈이다.

공통 원인의 무시 °

한 가지 원인이 두 가지 이상의 결과를 낳게 하는 경우에, 두 결과 사이에 인과 관계가 있다고 생각하는 오류이다. 두 결과 간에는 상관 관계가 있을 뿐 인과 관계는 없는데, 인과 관계가 있다고 믿는 오류이다.

'승진하는 직원은 대개 특별휴가를 받는다. 나도 승진하면 특별 휴가를 받겠네'라는 말에서 승진과 특별 휴가는 인과 관계가 아니다. 상관 관계이다. 직원이 능력을 발휘했기 때문에 승진을 하고 특별 휴가도 받았다. 승진했기 때문에 특별 휴가를 받은 것이 아니다. 두 사건이 밀접하게 일어났기 때문에 인과 관계가 있다고 착각했다. 특별 휴가를 받았기 때문에 승진한 것은 더더욱 아니다.

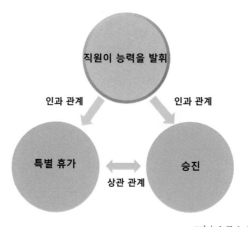

인터넷 댓글 실명제를 실시하면 댓글이 줄고 사이버 망명이 증가하는데, 사이버 망명이 증가하여 댓글이 줄었다고 생각하는 것도 공통 원인 무시의 오류다. 댓글 실명제를 실시하면 댓글 감소와 사이버 망명 증가라는 결과가 동시에 또는 밀접하게 발생한다. 즉, 댓글 실명제는 댓글 감소와 사이버 망명이라는 두 결과의 원인이고 (인과 관계) 사이버 망명과 댓글 감소는 상관 관계이다.

댓글도 정보다. 댓글이 감소하면 네티즌은 댓글이 많은 외국 사이트로 옮겨 갈 수 있다. 사이버 망명이 크게 증가한다면 망명자도 댓글을 다는 사람이므로 국내 사이트의 댓글이 감소한다. 이런 현상을 보고 인과 관계가 있다고 착각하면 안 된다. 원인은 다른 데에 있다.

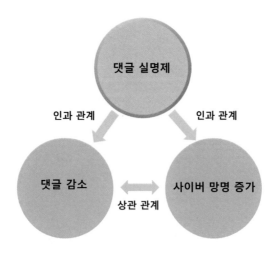

> (아이가 홍역에 걸렸는데) 우리 아이는 고열이 나고서 붉은 반점이 생겼다. 고열 때문에 붉은 반점이 생긴 게 틀림없다.

아이가 홍역에 걸리면 열도 나고 몸에 붉은 반점도 생긴다. 홍역이 고열과 붉은 반점 발생의 공통 원인이다. 고열 발생과 붉은 반점 생성은 상관 관계일 뿐이다. 고열 때문에 붉은 반점이 생겼다고 착각하고 아이에게 해열제를 먹이면 심각한 부작용이 생길 수 있다.

실제로 1980년대까지 어린이 해열제로 널리 사용한 아스피린은, 어린이가 복용하면 뇌와 간이 손상되어 의식불명에 빠지는 라이 증후군을 유발할 수 있다는 사실이 밝혀지면서, 영·유아와 청소년 해열제 시장에서 퇴출되었다.[21]

이란-이라크 전쟁은 두 나라의 국방비 지출이 증가하면서 발발했다. 따라서 국방비 지출이 전쟁의 원인이다.

    1980년 9월 발발한 '이란-이라크 전쟁'은 아랍인(이라크)와 페르시아인(이란)의 인종 갈등, 순니파(이라크 집권 종파)와 시아파(이란 집권 종파)의 종교 갈등, 국경선 문제 등이 복합적으로 작용하여 양국 관계가 악화하면서 발생했다. 인종, 종교, 국경선 문제가 야기한 관계 악화가 전쟁의 원인이다. 국방비 지출이 증가하면서 전쟁이 일어난 것처럼 보이지만 국방비 지출과 전쟁 발발은 인과 관계가 아니다. 국방비를 줄여도 전쟁은 일어날 수 있다. 양국 관계 악화라는 공통 원인을 무시한 오류다.

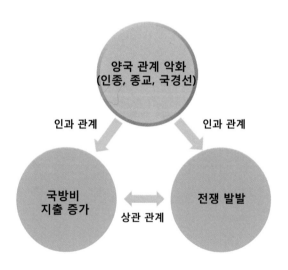

> 폭력적인 영상물이 늘면서 폭력 범죄가 늘어났다. 폭력적인 영상물을 규
> 제해야 한다.

범죄심리학자에 따르면 폭력적 영상물과 폭력 범죄 간에는 인과 관계가 성립하지 않는다. 폭력적인 성향을 갖고 있는 사람이 폭력물도 즐기고 폭력 범죄도 저지른다고 한다. 즉 폭력적 성향이 폭력적인 영상물과 폭력 범죄의 공통 원인이다. 폭력적 영상물과 폭력 범죄는 상관 관계에 불과하다.

연습 문제와 정답

1. **다음 제시문에 어떤 오류가 있는지 말하라.**

   ① 원자력 발전소에서 큰 사고가 일어나지 않았다. 따라서 원전은 안전하므로 계속 가동하고 건설해야 한다.

   ② 북경과 상해에 갔더니 스모그가 심했다. 중국의 모든 도시는 오염이 심한 것이 틀림없다.

   ③ 중국에서 살기 좋은 도시 수십 곳을 가보았다. 물이 맑고 하늘이 푸르렀다. 중국의 모든 도시는 공기가 좋다.

   ④ 학점이 나쁘면 대기업에 취업을 못 한다. 대기업에 취업하지 못하면 결혼도 못 하고 독신으로 지내야 한다.

   ⑤ 베스트셀러 『한국 경제프리즘』은 북랩에서 펴냈다. 『명리학의 모든 것』은 『한국 경제프리즘』과 출판사도 같고 홍보도, 유통도 완전히 같은 방식으로 했으므로 베스트셀러가 될 것이다.

🔅 answer

① 무지에 호소하는 오류이다. 원전이 안전하다고 주장하려면 방사성 유출 차단, 화재 방지, 내진 설계 등 과학적인 근거를 제시해야 한다. 과거에 사고가 나지 않았다고, 앞으로도 사고가 나지 않을 거라는 장담은 위험하다.

② 성급한 일반화의 오류이다. 중국 도시 2곳만 가보고 모든 도시가 오염되었다고 얘기하는 것은 성급하다. 적어도 10곳 이상은 가보고 주장해야 설득력이 있다. 인구가 100만 명이 넘는 도시만 해도 한국은 11개에 그치나 중국 70개가 넘는다.

③ 편향된 통계의 오류이다. 수십 곳을 가보았으니 성급하지는 않지만 살기 좋은 곳만 가보고 주장했기 때문에 편향되었다.

④ 학점이 좋으면 대기업 취업에 유리하겠지만, 학점이 낮아도 다른 특기가 있으면 대기업에 취업할 수 있다. 대기업에 취업하지 못해도, 공무원이 되거나 벤처기업에 입사하여 자기 꿈을 마음껏 펼치며 살 수 있다. 학점과 독신을 양쪽 끝으로 하는 비탈길은 길고 완만하다. 중간에 얼마든지 멈출 수 있다. 학점이 나쁘면 결혼도 못 할 거라는 주장은 위험한 비탈길 오류이다.

⑤ 잘못된 유비의 오류이다. 마케팅을 잘한다고 베스트셀러가 되는 것은 아니다. 책의 내용, 저자 지명도, 추천사 등이 더 중요하다. 같은 출판사에서 같은 방식으로 마케팅을 해도 저자 인지도가 낮고 내용이 좋지 않으면 베스트셀러가 될 수 없다.

2. 아래 진술에 나타난 오류는?

① 부자들은 압구정동에 많이 산다. 나도 압구정동으로 이사 가면 부자가 될 것이다.

② 휠체어를 타는 사람은 대부분 불의의 사고를 당했다. 휠체어를 타면 위험하다.

③ 소나기 내릴 때 번개 치고 천둥 소리가 났다. 천둥은 번개 때문에 생긴다.

---

answer

① 원인과 결과를 혼동하는 오류이다. 돈을 많이 벌었기 때문에 집값이 비싼 압구정동에 살 수 있게 되었다. 가난한 사람이 압구정으로 이사한다면 주거비 부담으로 더 가난해질 수 있다.

② 휠체어를 탔기 때문에 사고를 당한 게 아니라, 사고를 당했기 때문에 휠체어를 타게 되었다. 원인과 결과를 혼동했다.

③ 천둥과 번개는 구름과 구름 사이에, 구름과 지면 사이에 음전하와 양전하가 서로 충돌할 때 대기 중에 방전 현상이 일어나서 발생한다. 번개가 먼저 나타나고 뒤이어 천둥이 친다. 공기 중에서는 빛이 소리보다 빠르기 때문이다. 번개와 천둥은 인과 관계가 아니라 상관 관계다. 공통 원인 무시의 오류이다.

오류 논증

수용 가능성 오류
- 부적합한 권위 호소
- 선결 문제 요구
- 거짓 딜레마
- 애매어 오류
- 분할(결합) 오류

관련성 오류
- 사람에 호소
- 대중에 호소
- 감정에 호소
- 허수아비 공격
- 우물에 독 풀기

충분성 오류
- 무지에 호소
- 성급한 일반화
- 편향된 통계
- 잘못된 유비
- 위험한 비탈길
- 도박사 오류
- 선후 관계와
  인과 관계 혼동
- 원인과 결과 혼동
- 공통 원인 무시

"느낌과 취향으로 세상을 바라보는 사람과
논리와 합리성으로 세상을 해석하는 사람은
완전히 다른 세상에서 살고 있다."

6장

종합 연습 문제

1. 다음 제시문에 어떤 오류가 있는지 말하라.

① 올해 수능 날은 추울 것이다. 작년과 재작년 수능 일도 추웠기 때문이다.

② 용인외고 출신은 모두 공부를 잘한다. 용인외고 출신인 철수는 작년 수능시험에서 1등을 했고, 용인외고 재학생 영희는 올해 수능에서 1등을 차지했다.

③ 환경부가 한강에서 뜬 물 한 컵을 분석했다. 마셔도 되는 물로 판명되었다. 한강 물은 안전하다고 환경부는 발표했다.

④ 노동조합이 주장하는 임금 인상안을 거부해야 한다. 노동조합은 원래 임금 인상만 주장하는 집단이니까.

⑤ 성경에 적힌 이야기는 진리이다. 성경은 오류가 없고 너무나 지당하신 말씀이니까.

⑥ 그 업체와 거래하지 않는 것이 좋겠다. 왜냐하면 그 업체는 거래할 가치가 없는 회사이기 때문이다.

⑦ 블랙홀은 스티븐 호킹을 포함하여 누구도 그 모습을 확인한 적이 없다. 그러므로 블랙홀은 존재하지 않는다.

⑧ 외계인은 분명히 존재한다. 외계인이 없다는 증거를 누구도 제시하지 못했기 때문이다.

⑨ 소련 공산당은 가톨릭 교회의 수사, 멘델이 발견한 유전학설을 거부했다. 멘델의 유전학설은 수사라는 유산계급이 지닌 사고 방식의 소산이라고 보았기 때문이다.

⑩ 김 이사가 돈을 빌려 달라고 하면 대출을 받아서라도 빌려줘야 한다. 인사권을 갖고 있기 때문이다.

⑪ 불이 나면 물로 끌 수 있다. 물은 수소와 산소로 이루어져 있다. 산소로 불을 끌 수 있다.

⑫ 법은 국회가 폐지할 수 있다. 중력 법칙도 법이다. 중력 법칙은 국회가 폐지할 수 있다.

⑬ 한강 물은 오염되어 잉어가 살 수 없다. 뚝섬에서 두 달 동안 관찰했지만, 잉어를 발견하지 못했다.

⑭ 김 교수는 일간지에 글을 쓴 적이 없다. 그러므로 김 교수는 무능하다.

⑮ '처음처럼'이 가장 좋은 소주다. 일 년에 1억 병이나 팔렸기 때문이다.

⑯ 김 쌤은 대한민국 최고의 한국사 강사이다. 10만 명이 그의 동영상을 시청했다.

⑰ 몸살이 났으니 푹 쉬라는 의사의 충고를 무시하고 김 부장은 밤늦게까지 근무했다. 그러자 몸이 정상으로 돌아왔다. 야근하면 몸살이 낫는다고 김 부장은 직원에게 누

누이 강조했다.

⑱ 최종 라운드에서 빨간색 셔츠를 입은, 타이거 우즈가 우승할 거다. 지난 대회 최종 라운드에서 빨간 셔츠를 입었는데 우승했기 때문이다.

⑲ 철수가 우등상을 받은 것을 보니 열심히 공부한 것이 틀림없다. 영희에게 우등상을 주면 열심히 공부할 것이다.

⑳ 태풍이 부는 날은 기압이 떨어지기 때문에 홍수가 난다. 홍수 피해를 입지 않으려면 빨리 기압이 올라가야 할 텐데.

answer

① 2년 연속 추웠으니 올해도 추울 거라는 주장은 너무 성급하다. 성급한 일반화의 오류이다. 1994년부터 2017년까지 24년간 수능은 매년 11월에 시행되었다. 기상청에 따르면 24번 치른 수능 시험 중에서 서울 최저 기온이 영하를 기록한 해는 1997년, 1998년, 2001년, 2006년, 2014년으로 총 5번이다. 수능일에 영하로 떨어지는 경우는 5년에 1번 정도인 셈이다. 그렇다면 왜 사람들은 수능일은 추웠다고 기억할까? 시험 당일에 수험생과 학부모는 긴장과 불안감으로 위축되어 실제보다 더 추웠다고 느꼈을 것이다.

② 용인외고 출신 2명의 성적이 좋다고 해도 전교생이 다 공부를 잘한다는 주장은 성급한 일반화의 오류이다.

③ 넓고 넓은 한강에서 뜬 물 1컵의 분석 자료를 근거로 모든 한강 물을 마셔도 된다는 주장은 성급한 일반화의 오류이다.

서울시가 발간한 '2016 아리수 품질 보고서'에 따르면 2016년 서울시 정수장 6곳에서 생산한 수돗물은 모두 수질 기준을 충족했다. 2015년부터 서울 시내 전체 정수장에서는 고도정수처리를 하고 있다. 정수장에서 갓 생산한 수돗물은 문제가 없다. 그러나 정수장 수돗물은 깨끗해도 가정으로 수송하는 과정에서 수도관이나 옥내배관, 물탱크 때문에 수돗물이 오염될 수 있다.[22]

의사결정을 할 때는 이처럼 관련된 모든 요소를 면밀하게 검토하여 결론을 내려야 한다. 정수장에서 생산한 수돗물은 안전하다는 서울시의 발표만 믿고 아리수를 마시면 건강을 해칠 수 있다.

④ 주장은 '노동조합의 임금 인상안을 거부해야 한다'이고 '노동조합은 원래 임금 인상만 주장하는 집단이다'가 근거이다. 근거는 참이거나 다수가 납득할 수 있는 사실이어야 한다. 이 제시문은 많은 사람이

납득할 수 없는 주장 자체를 근거로 내세우거나, 근거 자체가 주장과 비슷한 선결문제 요구의 오류이다. 근거가 참이거나 납득할 만해야 한다는 선결 문제를 해결하지 못했다.

⑤ 주장은 '성경은 진리'이고 근거는 '성경은 오류가 없고 지당하신 말씀'이다. 주장과 근거가 표현만 다르지 실제는 같은 말이다. 근거와 주장이 같은 선결문제 요구의 오류이다.

⑥ 주장은 '그 업체와 거래하지 않는 것이 좋다'이고 '거래할 가치가 없는 회사이다'가 근거이다. 주장과 근거가 사실상 같다. 선결문제 요구의 오류이다.

⑦ 무지에 호소하는 오류이다. 누구도 블랙홀의 모습을 확인한 적이 없다고 해서 존재를 부정할 수는 없다.

천문학과 물리학의 정점에 있는 블랙홀은 학자들이 오랫동안 연구했지만, 아직 간접 증거를 찾아낸 단계에 머물러 있다. 존재를 직접 규명하지 못했다고 존재 자체를 부정할 수는 없다.

⑧ 무지에 호소하는 오류이다. 현대 사회에서 외계인은 존재하지 않는다고 다수가 믿고 있다. 다수의 믿음에 반하는 주장을 할 때는 주장하는 자가 입증 책임을 진다. 이를 입증 책임의 전환이라고 한다.

⑨ 사람에 호소하는 오류이다. 수사는 가톨릭 교회의 남자 수도승을 말한다. 종교를 인민의 아편이라고 주장하고 유물론을 신봉하는 공산당은 가톨릭 수사라는 그의 신분이 맘에 들지 않았을 것이다. 진리를 깨치려면 편견을 깨야 한다.

⑩ 감정에 호소하는 오류이다. 여기서 감정은 공포감이다. 인사권을 쥐고 있는 임원 눈 밖에 나면 불이익을 당할 수 있다는 공포감이다. 부양가족이 많은 직원이 이런 임원 갑질에 시달린다고 하면 이 진술은 논리적으로 오류이나 실제는 오류가 아니다. 갑질은 논증 오류도 바꿔 놓는다.

⑪ 분할의 오류이다. 물은 수소와 산소로 이루어져 있지만, 산소로는 절대 불을 끌 수 없다. 물질이 열을 받아서 타려면 산소가 있어야 한다. 오히려 산소가 없어야 불이 꺼진다.

⑫ 애매어의 오류이다. 첫 문장에서 법은 실정법이고 둘째 문장의 법은 자연법칙을 의미한다. 제정, 개정, 폐지 등에서 두 법은 완전히 다르다. 다름을 무시하여 '중력 법칙은 국회가 폐지할 수 있다'는 황당한 주장을 했다.

⑬ 편향된 통계이다. 두 달 동안 관찰했으므로 성급하지는 않으나 뚝섬에서만 관찰한 것은 지역적으로 편향이다. 미사리, 광나루, 여의도 등 여러 곳에서 관찰해야 한다.

⑭ 일간지에 칼럼을 기고해야 유능하고, 기고하지 않으면 무능하다는 주장은 흑백논리다. 일간지에 기고한 적은 없지만, 국제적인 학술지에 좋은 논문을 많이 실은 교수는 유능하다고 봐야 한다.

⑮ 대중에 호소하는 오류이다. 많이 팔았다고 좋은 소주는 아니다. 광고 모델이 예쁘고 판촉을 활발히 하면 품질이 떨어져도 많이 팔 수 있다.

⑯ 대중에 호소하는 오류이다. 많은 사람이 동영상을 봤다고 최고 강사라고 주장할 수 없다. 스타 강사가 되려면 뛰어난 연구 성과와 해박한 지식만으로는 부족하다. 인간적인 매력과 연기력을 꼭 갖춰야 한다.

⑰ 야근할 때쯤 우연히 체력과 기운이 회복되어 몸살이 나았을 뿐이다. 정상적인 사람은 야근하면 대개 몸이 약해진다. 야근과 몸이 좋아진 것은 인과 관계가 아니다. 선후 관계와 인과 관계를 혼동하는 오류이다. 회사에는 아직도 이런 오류를 진리로 생각하는 부장님이 계신다.

⑱ 징크스다. 우연히 빨간 셔츠를 입었는데 우승했을 뿐이다. 빨간 셔츠와 우승은 인과 관계가 없다. 선후 관계일 뿐이다. 선후 관계와 인과 관계를 혼동하는 오류에 빠졌다.

⑲ 철수는 열심히 공부하여 실력을 쌓았고 시험을 잘 보아서 우등상을 받았다. 우등상 수상은 실력을 쌓았더니 나타난 여러 행태 중의 하나일 뿐이다. 영희에게 우등상을 준다고 해서 실력을 쌓을 것이라 기대할 수 없다. 원인과 결과를 혼동한 오류이다.

⑳ 태풍이 발생하면 기압도 떨어지고 홍수가 발생한다. 즉 기압이 떨어지고 홍수가 난 것은 태풍이라는 공통 원인의 결과이다. 기압이 떨어진 것과 홍수 발생은 인과 관계가 아니라 상관 관계이다. 이처럼 하나의 원인으로 두 가지 이상의 결과가 발생할 때, 결과 사이에 인과 관계가 있다고 착각하는 경우를 공통 원인 무시의 오류라고 한다.

참고 서적

도움을 많이 받은 책을 소개합니다. 저자께 감사하다는 말씀을 드립니다.

- **최훈 저, 『논리는 나의 힘』 우리학교, 2015.**

  현존하는 최고의 논리학 교과서. 여러 번 반복해서 볼 가치가 있다.

- **홍경남 저, 『논증의 이해』, 중앙대학교출판부, 2014.**

  예제가 다양하고 생생한 논리학 교과서

- **생각공장 저, 『논리와 비판적 사고』, 경북대학교출판부, 2013.**

  논리학을 본격적으로 배우려는 대학생에게 좋은 책

주 석

1 http://m.yeongnam.com/jsp/view.jsp?nkey=20180803.0102207
   53310001

2 『75가지 위대한 결정』(스튜어트 크레이너 저, 송일 역, 더난출판사, 2001),
   43~45쪽

3 https://news.joins.com/article/22845951

4 http://www.hankookilbo.com/v/21a7470a7c9b491e92d195a1527b
   9a4a

5 『논리는 나의 힘』(최훈 지음, 우리학교, 2015), 19쪽

6 http://www.jejusori.net/?mod=news&act=articleView&idx
   no=8558

7 『표현의 기술』(유시민 저, 정훈이 그림, 생각의 길, 2016), 141~142쪽

8 http://it.donga.com/20043/

9 http://monthly.chosun.com/client/news/viw.asp?nNewsNumb=
   199906100039

10 http://www.ohmynews.com/NWS_Web/View/at_pg.aspx?CNTN_
    CD=A0000228294

11 http://news.mk.co.kr/newsRead.php?no=402556&year=2018

12   http://biz.heraldcorp.com/view.php?ud=20160525000152

13 http://www.mediapen.com/news/view/151113

14 http://pub.chosun.com/client/news/viw.asp?cate=C02&mcate=
    M1001&nNewsNumb=20150717890&nidx=17891

15 http://www.yonhapnews.co.kr/bulletin/2017/09/20/0200000000
    AKR20170920164100056.HTML

16 http://www.hani.co.kr/arti/culture/music/685347.html

17 http://www.hani.co.kr/arti/politics/bluehouse/806945.html#csi
    dxf54cc9193654bfc9098c778534500f3

18 http://www.munhwa.com/news/view.html?no=2018080801070
    221086001

19 https://namu.wiki/w/%EB%82%98%EC%B9%98%EA%B0%80%20
    %EA%B7%B8%EB%93%A4%EC%9D%84%20%EB%8D%AE%EC%
    B3%A4%EC%9D%84%20%EB%95%8C

20 http://www.hani.co.kr/arti/society/schooling/116148.html

21 https://news.joins.com/article/17520044

22 https://news.joins.com/article/22005518

부록

의사결정 문화 점검 목록

번호	문항	매우 그렇지 않다	그렇지 않다	보통	그렇다	매우 그렇다
1	조직의 이념과 사명, 존재 이유에 근거하여 의사결정을 한다.	①	②	③	④	⑤
2	단기적인 성과와 일시적인 성장보다는 장기적인 성과와 성장을 추구한다.	①	②	③	④	⑤
3	운이 좋거나 사업 환경이 우호적으로 바뀌어 성공했을 가능성을 인정하고 기존의 성공에 안주하지 않는다.	①	②	③	④	⑤
4	경쟁사 동향이나 신규 진입 회사의 공세에 주의를 기울인다.	①	②	③	④	⑤
5	정보를 최대한 개방하고 공개적으로 검증을 받는다.	①	②	③	④	⑤
6	조직의 모든 사안을 사전에 충분히 논의한다.	①	②	③	④	⑤
7	현재 매출이 올라도 일시적이며, 언제든지 반토막이 날 수 있다고 경계한다.	①	②	③	④	⑤
8	신규 사업의 긍정적 측면만 강조하지 않으며 근거 없는 낙관주의를 경계한다.	①	②	③	④	⑤
9	구성원의 업무과 권한을 명확하게 나누고 의사결정 과정이 투명하고 일관성이 있다.	①	②	③	④	⑤

10	모든 조직 구성원의 의사를 충실하게 반영하여 의사결정을 한다.	①	②	③	④	⑤
11	만장일치가 위험할 수 있음을 인지하고 소수의견을 장려한다.	①	②	③	④	⑤
12	특정 직원에게 권한이나 중요 업무를 과도하게 배정하지 않는다.	①	②	③	④	⑤
13	상사와 친하거나 인연이 있거나 동질적인 구성원으로만 조직을 구성하지 않는다.	①	②	③	④	⑤
14	학연, 지연, 혈연으로 뭉친 파벌과 사내 정치가 없다.	①	②	③	④	⑤
15	모든 구성원이 상사 눈치를 보지 않고 자유롭게 발언한다.	①	②	③	④	⑤
16	상사의 제안이나 주장을 반박해도 불이익이 전혀 없다.	①	②	③	④	⑤
17	능력 있는 상사가 기획한 프로젝트라도 실패할 수 있으며, 추진 계획에 허점이 있을 수 있다고 인정한다.	①	②	③	④	⑤
18	실무자들이 결정한 사항을 상사가 독단적으로 변경하지 않는다.	①	②	③	④	⑤
19	전문가 한두 명의 의견에 지나치게 의존하지 않는다.	①	②	③	④	⑤
20	조직과 조금도 이해 관계가 없는 외부 인사에게 자문한다.	①	②	③	④	⑤